直感で理解する！
構造設計の基本

山浦晋弘：著
日本建築協会：企画

学芸出版社

まえがき

　構造設計の入門書や解説書はたくさんありますが、構造力学や建築基準法で定められた計算方法の解説が多く、実際に造る建築物の視点から構造設計を解説した本がありません。

　筆者は1984年より30年以上、組織設計事務所で構造設計に携わってきましたが、その傍らで大学の非常勤講師として「建築構造学」や「設計演習」の講義を行ってきました。その対象は必ずしも理系の学生だけではなく文系の学生も混じるため、できるだけ彼らの直感に訴えることを心がけてきました。

　人間の直感というのは、長年の生活体験で無意識のうちに培われたものです。コンピュータがいくら進歩しているとはいえ、瞬時に判断する人間の直感力に勝るものはないと考えています。交差点を斜めに渡ろうとするのは、それが最短距離だと経験的に学習しているからです。二点間の最短距離は直線であるという幾何学の公理を学校で教わらなくても、みんなわかっていたはずです。

　構造力学の世界においても、自分の直感が正しいということが多々あります。その直感は新たな経験によってさらに磨きがかかり、時には「危険なにおい」を教えてくれるのです。何か新しいことを始めるとき、いきなりディテールに目を向けるのではなく、まず感覚的にとらえることも大事ではないかと考えます。

　一方、建築作品の品質は、プロジェクトメンバー間の信頼関係やコミュニケーションの良否によっても大きく左右されます。だからこそ、意匠設計者や設備設計者、そして施工者間で設計コンセプトを共有する必要があるのです。お互いの立場を理解、尊重しあうことはプロジェクトの円滑な進行には欠かせないものと言えるでしょう。また、建築物を造る中で、分業化が進むあまりお互いの領域に無関心でいては、すぐれた建築は生まれ

ません。もてる知恵を出し合って、協働することによってはじめて良質な社会資産を残すことができると考えます。

　本書は、構造設計者としての経験、新入社員の配属実習、大学の非常勤講師としての講義、設計演習などを通して解説した構造設計にまつわる話題をもとに、設計者としての心得から構造計画、設計、施工にいたるまで、実務でおさえておくべき項目や設計上の盲点（落とし穴）などを、イラストや写真、図表を用いながら平易な文章で解説しました。また、設計チェックリストとしても活用できるように配慮しました。とくに、これから建築構造を学ぼうとする学生や構造設計をやり始めたばかりの実務者を対象に、できるだけ直感に訴えるスタイルで執筆し、いつどこから読んでもらってもよいように構成しています。

　この本を手にとって読んでくださった方が、構造設計っておもしろそうだ、やりがいがありそうだ、と感じてもらえたなら、これほどうれしいことはありません。

2016年3月吉日
山浦晋弘

目次

まえがき　3

第1章　構造設計を始める前に …………… 9

第1節｜構造設計を始める前に　10
1 構造設計はあみだくじ？　10
2 耐震安全性って何？　12
3 暗記することをあきらめる　14
4 直感を大事に　15
5 ブレーンを持とう　17
6 手計算のすすめ　18
7 勝敗のつかない取り組み　19

第2節｜構造設計者としての心得　22
1 国語力を身につける　22
2 力の流れを読む習慣　23
3 マクロな視点、ミクロな視点　24
4 モノは大きさをもっている　27
5 迷ったときは上下ではさむ　29
6 バランス感覚　30

コラム ▶ ふつうの構造　32

第2章　構造計画編 …………… 33

第1節｜耐震グレードを設定する　34
1 インフォームド・コンセント　34
2 どうやって建物を壊すか　37
3 ボディビルダーか、レイバック・イナバウアーか　39
4 どこでフェイルセーフを確保するか　40

第2節 | 竣工後のことを考える　43
　1 用途・レイアウト変更で困らないために　43
　2 増築はつきもの　44
　3 更新のたびに増える設備荷重　46
　4 ソーラーパネルは載せられない？　47

第3節 | 事前調査を行う　50
　1 現地に行ってわかること　50
　2 地盤を知る　54
　3 鉄骨や杭はすぐに手に入らない　58

第4節 | 構造計画を立てる　59
　1 建物用途とモジュール　59
　2 どこに柱をおとすか　60
　3 部材を細くするには　60
　4 どういう構造形式にするか　62
　5 どの構造種別にするか　70
　6 どの基礎形式にするか　71
　7 どの杭工法にするか　75

第5節 | 構造計画の実践　77
　1 天井裏の攻防　77
　2 意匠設計者と調整すべきこと　79
　3 設備設計者と調整すべきこと　82
　4 RC造の床組はこれで決まる　86
　5 S造の床組はこれで決まる　88
　6 やってはいけない耐力壁の配置　90
　7 SRC造で最初に決めるべきこと　92
　8 敷地条件で制約される構工法　94
　　コラム ▶ ハイヒールのはなし　96

第3章　構造計算編　97

第1節 | 感覚で理解する構造力学　98
　1 力のつりあい　98

- ② モーメント　100
- ③ 曲げモーメント　101
- ④ せん断力　103
- ⑤ 軸方向力　104
- ⑥ CM_0Q_0　106
- ⑦ 境界条件を想像する　108
- ⑧ 応力をどこまでも追いかける　110

第2節｜手計算でRC造を理解する　113

- ① そもそもRC造って？　113
- ② つりあい鉄筋比のもつ意味　115
- ③ ひび割れを読む　116
- ④ 概略断面を手計算で求めよう(1) 地震力　117
- ⑤ 概略断面を手計算で求めよう(2) はり　120
- ⑥ 概略断面を手計算で求めよう(3) 柱　123
- ⑦ 概略断面を手計算で求めよう(4) 床スラブ　125

第3節｜荷重・外力　128

- ① 風のはなし(1) 風荷重が建物高さだけで求められた？　128
- ② 風のはなし(2) 使える旧風荷重算定式　129
- ③ 亀の甲って何だ？　131
- ④ 雪のはなし　132
- ⑤ 津波のはなし　134

第4節｜構造計算あれこれ　136

- ① 一貫構造計算プログラムのはなし　136
- ② スラストのはなし　137
- ③ べた基礎のはなし　140
- ④ 耐震診断の基本的な考え方　143

コラム ▶ 今考えるとよくできている n 倍法　148

第4章　構造設計編　149

第1節｜意外なもので決まる納まり　150

- ① 運搬で決まるはり継手長さ　150

② 工具で決まるSRC造柱の鉄骨形状　151
　　③ 仕口の溶接で決まる鉄骨ばりのレベル差　153
　　④ 最初から決まっている胴縁、母屋ピッチ　155

第2節｜想像力で理解しておく納まり　157
　　① どう施工するかを頭の中でイメージする　157
　　② 鉄筋は上から下から左右から　160
　　③ 邪魔な基礎フーチング　163
　　④ RC小ばりの2段配筋を避ける理由　163
　　⑤ RC造スラブ配筋で配慮したいこと　165
　　⑥ 揃えたいべた基礎の底版厚さ　166
　　⑦ 構造スリット位置はよく考えて　168

第3節｜現場での不具合をなくすために　170
　　① たわみを侮るなかれ　170
　　② 続・たわみを侮るなかれ　174
　　③ 鉄骨造は出隅の納まりでチェック　176
　　④ ねじれる鉄骨　178
　　⑤ 亜鉛めっきはここに注意　179
　　⑥ はりの変形にまつわるトラブル　181
　　⑦ 引張ブレースで気をつけたいこと　184

第4節｜さらに伝えたいこと　185
　　① シンプル・イズ・ベスト　185
　　② 気くばり一つで躯体は美しくなる　186
　　③ 待たない、待たせない　187
　　④ とにかくスケッチを　188
　　⑤ BIM活用について考える　190
　　⑥ 防災、減災は総力戦　193
　　⑦ 信頼される設計者に　194
　　　　コラム ▶ 単位系のはなし　198

付録　いざという時、役立つ構造設計チェックリスト　199

あとがき　210
参考文献　212

第 1 章

構造設計を始める前に

第1節│構造設計を始める前に

1 構造設計はあみだくじ？

　学生のインターンシップや新入社員研修の時、構造設計業務の紹介をすることがあります。そのとき、必ずあみだくじの話をします。小さい頃、誰もが一度はあみだくじを引いたことがあると思います。あのタテやヨコの線を力の流れる道筋とみなせば、上から下に流れる点は構造設計とよく似ています。ただ、あみだくじにはその時の運まかせ的なところがあるのに対して、構造設計のほうは自分の意思をもってヨコ線を足し、意図して「当たり」にもっていく点が根本的に異なるのです。

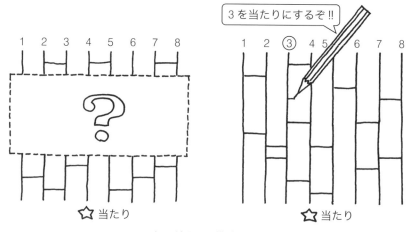

あみだくじと構造設計

　今や、市販の一貫構造計算プログラムが、かゆいところまで手が届くような仕様になりました。だから、計算仮定条件を選びさえすれば、それが適切かどうかは別にして簡単に計算結果が得られます。しかし、「計算したらこういう断面になりました」とか「こういう結果になりました」と設計者が説明するのを聞くたび、そうじゃないだろうと思ってしまいます。それだと単に計算をやっているだけで、あみだくじと何ら変わりません。

たとえばタテ線を柱や耐力壁とするなら、ヨコ線をはりや床スラブとみなすこともできますが、その組合せによっては無限の力の流し方が存在するのです。地震や風などの外力は、建物上部から下部の基礎に流してやる必要があります。

　さきほどのタテ線、ヨコ線を水道管、外力を水道水と考えてみましょう。たとえば太い径の管を1本設け、そこに水を集めて流すようにすれば、残りの管に水を流す必要がなくなり、径は細くてすみます。つまり、この太い径に相当するのが、耐力壁やブレースなのです。

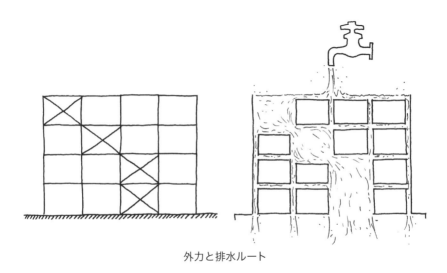

外力と排水ルート

　水（外力）の総量は建物規模などが固まれば自ずと決まってきます。だから、水量の差こそあれ、どこかに太い径の管（耐力壁）を設けない限り、ほかの管（柱）を細くすることなど無理な注文なのです。意匠設計者であっても、建築雑誌を見てただ柱を細くしたいというのではなく、最低限の構造力学を理解しておくことが大事だと思います。また、構造設計者にとっては、自分の意思で外力の道筋をデザインすることがプロとして求められる役割であり、それこそが構造デザインであると言えるでしょう。

2 耐震安全性って何？

　みなさんが旅行をするとき、飛行機か新幹線を利用するとしたら、どちらを利用しますか。利便性で決める人もいるでしょう。運賃の安さで決める人もいるでしょう。また、高いところは苦手だから新幹線にする、という人もいると思います。この時、どちらが安全かと言われると、なかなか答えが出ません。

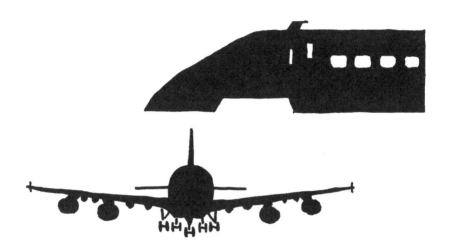

　高い技術力や何重ものフェイルセーフ機能があるおかげで、事故の発生確率を下げることができているわけですが、ゼロにすることは不可能です。それでも利用するのは、必要に迫られてということもありますが、これまでの事故の発生頻度から判断して、今回に限って自分が利用する乗り物は事故に遭わないだろう、と考えているからだろうと思います。つまり、乗り物の安全性は、自分に危害が及ぶリスクが許容できるレベルにあるかどうかで判断しているのです。

　しかし建物については、乗り物とは異なり少しやっかいです。それは、乗り物の場合は自分に危害が及ぶリスクだけ考えればよかったのですが、建物の場合は、建築主が建物の所有者となるので、それに加え、建物の損傷の程度も考慮に入れる必要があります。

「耐震安全性」という言葉をあちらこちらで目にします。この「安全」という言葉の響きはとてもよいのですが、実はこのとらえ方が人さまざまであるのが問題なのです。建築基準法で規定している耐震レベルは、建物を倒壊・崩壊させず人命を守るという最低基準です。大地震後の建物の継続使用までは考えられていません。しかし、一般の人たちはそう思っていないのが実情です。

　よく建築主から「この建物は震度いくつまでもつのか」と尋ねられることがあります。「震度7の地震でも大丈夫です」と言ってしまいたいところですが、そう言った瞬間、ウソをつくことになるのです。

　震度7には上限がありません。想定外の巨大地震がこの先、来ないとも限りません。そのようなものに対して、人命の確保ばかりか、建物も壊れないということを暗に保証してしまうことになります。ですから、安易にこんな答え方をすると、あとでトラブルの原因となります。そういう場合は、たとえば「阪神大震災クラスの地震に対して建物を倒壊させず、中にいる人々の人命を守るよう設計しますが、建物は最悪の場合、壁や柱、はりなど至るところにひび割れが入り、かなり補強しないと使えない状態になる可能性があります」というような丁寧な説明をして、建築主に納得してもらう必要があります。

　とくに、建築主の財産となる建物については、その被害イメージを具体的にわかりやすく説明して、合意したうえで設計に取りかかることが大事です。このプロセスは、医療行為でいうところのインフォームド・コンセントに相当しますが、これについては後ほど詳しく説明することにします。

　そもそも、重力に逆らって建ち続ける建物を造るわけですから、安全なはずがありません。放っておくと建物の劣化が進み、いつかは朽ち果てます。すなわち、建築でいう「安全」とは建物を建てないことと同義語なのです。しかし、そこをどうやって人や建物の被害・危険のリスクを許容できるレベルまでもっていくか、それが「耐震安全性」であり、構造設計者の力量にかかってくるわけです。

3 暗記することをあきらめる

　中学、高校、大学では、受験勉強や定期考査などで、いやというほど暗記してきたと思います。しかし、実務の世界ではまったく暗記する必要がありません。なぜなら、毎日のように見る法の条文や構造計算で使う理論、算定式、材料強度、部材諸元などは、覚えようという気がなくても覚えてしまうからです。

　一方、『建築基準法令集』（技報堂出版）だけでも約 2500 頁、よく使う「技術基準解説書」や日本建築学会の各種構造計算規準や設計指針類だけでも、合わせるとざっと 2500 頁近くあります。本棚には、ぎっしりと必要な書籍が並んでいます。これらを全部読み終える前に法改正や基規準類の改定があるので、一生かかっても追いつきません。むだにイタチごっこを繰り返すだけです。

テーブルを埋めつくす法令集・規基準類

　かといって、何もしないでよいかというと、決してそうではありません。

では、どうすればよいか。それは、どこに何が書いてあるかを頭に入れておくことです。なかなか個人でこうした図書をすべて揃えるのは難しいとは思いますが、暗記するのではなく、必要な時に必要なものを参照しにいける環境をふだんから整えておくとよいでしょう。

もちろん、一度に基規準類や参考図書のどこに何が書いてあるかを把握するのは至難の技です。しかし、日常業務で基規準類を参照する積み重ねと、時間が空いた時にどれほどいろいろな書籍に目を通しておくか、それだけでもずいぶん違ってくると思います。

どうですか、少しは気が楽になったでしょうか。

4 直感を大事に

「まえがき」のところでも書きましたが、人間の直感は長年の生活体験で無意識のうちに培われたものです。構造設計には必要不可欠なもので、大事にすべき感覚です。たとえば、次のように150mmの間隔を空けて置かれた積み木に1枚の紙を使って橋を架け渡す時、みなさんならA4サイズの紙を使ってどう架けますか。まさか、そのまま置く人はいないと思います。きっと、折り目をつけて置くのではないでしょうか。

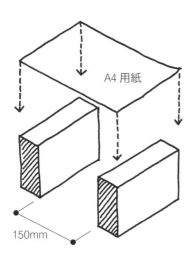

折ると変形しにくくなる

なぜ、そうするのでしょうか。それは折り目をつけたほうがたわみにくいということをこれまでの経験を通じて理解しているからです。決して紙の断面2次モーメントを計算して判断したわけではありません。
　次に、図に示すような20kgの石を1本の棒を使って動かそうとする時、みなさんならA点、B点、C点のどこを押さえますか。きっと、てこの原理を持ち出すまでもなく、A点を押さえるでしょう。A点を押さえたほうが少しの力で石を動かせると、経験上わかっているからではありませんか。

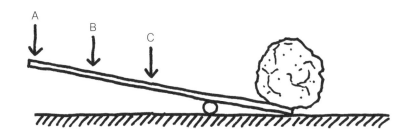

　では、次の閉鎖形の円筒とスリットを入れた開断面の円筒のうち、強いのはどちらでしょうか。上部に物を載せて確かめるまでもなく、閉鎖形の円筒のほうが強いことは容易に想像できると思います。なぜなら、上部に物を載せると、開断面の円筒が座屈するイメージを頭の中に思い描くこと

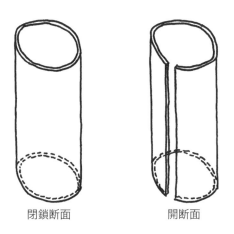

閉鎖断面　　　　　開断面

ができるからです。それも経験があればこそなのです。

　最初のうちは、理論があとからついてきてもよいと思います。構造計算に夢中になると、いつのまにか全体像を見失ってしまい、時として基本的なミスをおかしてしまうことがあります。しかし、それを気づかせてくれるのはこの直感にほかならないのです。どうか自分の直感を大事に、そしていっそう磨きをかけるように努力してください。

5 ブレーンを持とう

　長年、構造設計をしていても、あいかわらずわからないことが出てきて、いっこうになくなることがありません。そんな時、専門的な立場から技術的なアドバイスがもらえたら、どんなに助かることでしょう。自分のできることはしれています。それを補ってくれる人、すなわちブレーンをもっておくことをおすすめします。

　アメリカでは、政権交代時に政策ブレーンであるスタッフを大幅に入れ替えます。日本でも首相は何人もの政策ブレーンを抱えています。ブレーンに完全にお任せでは困りますが、コンクリートのことならあの人、鉄骨のことならあの人、PCならこの人、基礎ならこの人と、自分の職場だけに閉じこもらず、外部にも専門的な相談をかけられる人をもつようにすると、設計の幅も拡がってきます。

　たとえば、こんなことをやりたいけど、ここをどう納めたらよいかうまい方法が見つからないといった場合でも、会って話をしているうちにうまいアイディアが生まれることが少なくありません。とくに悩んでいる時は、とかく視野が狭くなりがちなので、違う視点からのアドバイスが思わぬヒントになったりもします。

　そのためには、日頃から大学の先生やメーカーの技術者、あるいは同業他社の設計者たちと気軽に相談できる信頼関係を培っておくことが大事です。決して、1年や2年でブレーンができるわけではありませんが、あせらずこれはと思う人を大事にしていくとよいと思います。

6 手計算のすすめ

　いまだに慣れないSI単位系で計算をすると、求めた応力がやけに小さかったり、反対にたわみが何十センチと出たりします。おかしいと思って従来単位系で計算しなおすと、やっぱり計算間違いをしていた、なんてことはよくある話です。これまでの経験が、計算ミスに気づかせてくれたのです。

　その直感力を身につけるには、手計算が一番近道だと考えます。たとえば、小ばりの断面算定。何度も繰り返し断面算定をしていると、応力の大きさを見ただけで、これくらいのはり断面と主筋本数ということがわかるようになります。また、床スラブの設計の場合はとくに顕著です。スラブの大きさの相場がおおよそ決まっているうえ、配筋タイプも数種類しかないので、床荷重の大きさだけで配筋（符号）を判断できるようになります。

　ところが、今はこうした二次部材の設計ですら、便利な計算プログラムができ、よほど強い意志をもたないかぎり手計算をする機会はやってこなくなりました。たしかに、同じような計算を繰り返すことは退屈には違いないのですが、自分の身体を使って設計しないことには、この感覚は生まれません。求めた応力に対し、何度も断面を変更し、鉄筋本数を求め、鉄筋の並びを確認し、それがダメならまた断面の変更を行う。こうした繰り返しによって、荷重や応力の大きさと部材断面のおおよその関係が、マトリクスの形となって頭の中にできあがっていくのです。

　杭の設計も同様です。どこの杭のメーカーに依頼しても、計算協力という形で断面算定から見積もりまで出してくれます。しかしそれは計算であって設計ではありません。たとえば、杭の支持力をどう設定するか、杭配置のグルーピングをどう整理するかといったことは設計者が決めるべきものです。それに、自分がパラメトリックスタディを経験しておかないと、K_h値が1桁小さくなったり、あるいは地盤沈下を想定して1mの突出杭として設計したら杭頭モーメントがどの程度大きくなるか、といったことを設計感覚としてもつことは到底無理です。

構造図面をチェックしていて、たまに設計者にこの部材の応力はどれくらいかと訊ねることがあります。しかし、残念ながら即座に答えが返ってこないことがあります。それは、一貫構造計算プログラムで応力解析から断面検定まで自動で計算させているがために、応力と部材断面の関係をふだんから意識してチェックしていないからです。それは何も若い設計者に限った話ではありません。要するに、設計者個々の心がけ一つなのです。

　たまに「計算したら、こうなりました」という声を聞くこともありますが、これは一貫構造計算プログラムの弊害だと考えています。きっと自分の頭で考えて設計をしていないのでしょう。構造設計は「なる」ものではなくて「する」ものだと思います。ですから、いきなり一貫構造計算プログラムを使うのではなく、その前にできるだけ手計算で部材の概略断面を求めることをおすすめします。

　たとえば、意匠設計者と設計の打合せをする時、この柱の断面サイズはいくらだとか、はりせいはいくらみておけばよいとか、即答することが求められます。その時に「ちょっと待ってください」とか「計算するので、少し時間をください」では、構造設計者として信頼されません。

　何ごともそうですが、泥臭いことをしないことには自分の力にはなり得ません。構造設計のプロを目指そうと思うなら、手計算は遠回りのようで一番近道の方法だと思います。直感力を養うことになり、また計算ミスを防ぐという意味で最も効果的なやり方です。ぜひとも、積極的に手計算にトライしてみてください。

7 勝敗のつかない取り組み

　2012年にJSCA構造デザイン発表会を京都で開催しましたが、学生を対象にした「情熱リアル デザイン選手権」を関西支部が特別企画し、建築に注ぐ情熱をデザインしてもらったことがありました。その主旨のところでも書きましたが、何よりも建築に対する情熱が、建築の世界で生きていく原動力になります。

「情熱リアル　デザイン選手権」応募要綱（抜粋）

　地震や台風などの外力に抵抗する架構システムを構築して、建物利用者の生命や財産を守ることはとても大事なことですが、だからといって2m角の柱がところ狭しと並ぶことは許されません。安全性を確保したうえで、人がそこで快適に過ごす、そういう空間を提供する必要があるのです。そのため、建築基準法という土俵の中で、意匠設計者や設備設計者たちと四つに組んだり、投げ手をうったり、さらには土俵際でのせめぎ合いをしながら、勝敗のつかない取り組みを建物が竣工するまで続けなければなりません。しかも、法治国家ですから、土俵を割ることは決して許されません。

また、技だけあっても持久力がなければ、勝敗のつかない取り組みを延々とすることができません。その持久力は、建築に対してどれほど情熱を注げるかで決まります。

　ところで、構造設計のおもしろさはどこにあるでしょうか。土俵に上がった者でないとわかってもらえないかもしれませんが、それは次から次へと繰り出す技の掛け合いにあります。そのために、日頃から建築以外のものにも好奇心を持ち続け、いろいろな技とセンスをできるだけ多く磨いておく必要があります。いつも張り手だけだとどうなるでしょうか。そのうち、相手力士を怒らせてしまうことは容易に想像できるでしょう。

　勝敗のつかない取り組みは、土俵上の力士たちにとっては息が上がるほど苦しいですが、その取り組みが完璧であればあるほど、見ている者に感動を与えます。すぐれた建築はそうやって生まれてくるのです。あらためてここで、建築に対する情熱が建築の世界で生きていく原動力になる、ということをみなさんに強調しておきたいと思います。

第 2 節｜構造設計者としての心得

1 国語力を身につける

　いよいよ構造設計業務に携わることになった時、まず構造計算の仕方や実務の流れを教わると思います。仕事のほとんどの時間を構造計算に充てていると想像されるかもしれませんが、決してそうではありません。打合せ記録や基本（実施）設計書、発注者への説明資料などをまとめたり、場合によっては技術論文を投稿したりもします。また、構造設計者がプロポーザルや設計説明等でプレゼンテーションを行う機会も増えてきました。そうした「書く」時間や「話す」時間は、構造設計に欠かすことのできないものになっています。

　つまり、算数や理科ができさえすれば構造設計できるという認識は通用しなくなっているということなのです。これからの構造設計者には、算数や理科以外に国語や社会もできることをよりいっそう求められるようになると思います。

　「書く」ことに関して言えば、名文を書けるようになれというのでは決してありません。技術者として、考えていることが正しく理解される文章を書くということが大切なのです。

　だからといって、難しく考える必要はありません。わかりやすい文章を書くコツは、一言で言うと「短く、わかりやすい言葉」で書くことです。一文を短くするだけで、主語と述語の関係が明快になります。「非常に」とか「かなり」といった装飾語を削除することも有効です。こうした語句は、技術者が使うような性格のものではありませんし、それらを省くだけでも文章が短くなります。

　さらに読みやすい文章にしようと思えば、文中で使う漢字の割合を意識するとよいでしょう。文章のタイプによって最適な比率があるはずで、技術論文なら漢字が多めのほうが読みやすいでしょうし、小説であればその反対になるでしょう。一般の文章だと、感覚的には漢字の比率が 25 〜

30％ぐらいあたりが最も読みやすいのではないかと考えています。一度、自分の文章について調べてみてはどうでしょうか。

　日本語の文章の書き方に関する参考書はたくさん出版されているので、それぞれが気に入ったものを買えばよいと思います。しかし、どれがよいかわからないという方のために、個人的におすすめできる参考書を2冊、紹介しておきます。

　1冊目は、『日本語の作文技術』（本多勝一著、朝日文庫）です。この本には、文章を構成する修飾語の順序や句読点の打ち方、段落の区切り方など、わかりやすい文章を書くための基本的な「技術」が凝縮されています。そしてもう一冊は、『朝日新聞の用語の手引』（朝日新聞社）です。送り仮名のふり方、難読地名や誤りやすい慣用句、アルファベット略語などがまとめられてあり、この2冊あれば日常生活でも困ることはありません。

　わかりやすい文章を書くことを日常から心がけるだけでも、国語力に差がつきます。ぜひとも今日から実行してみてください。

2 力の流れを読む習慣

　竣工した建築物を見て回ったり、あるいは現場見学会に参加した時に、みなさんはどういう気持ちで臨み、どこを見ているでしょうか。ただ、漠然と建物を見たり、写真を撮るだけではもったいなく、設計力やスケール感も身につきません。写真は、あとでディテールなどを思い返すのには適していますが、カメラに収めたことでわかったような錯覚に陥ることが一番こわい点です。

　ぜひともこういう機会をとらえて、最低でも外力がどこをどう伝わって基礎まで流れていくか、実際の建物から力の流れを読むことを習慣づけてください。また、その時の部材の大きさも身体のメジャーを使って測っておくことをおすすめします。何も暗記する必要はありません。そのオーダーを感覚としてとらえるトレーニングだと思ってください。巻尺があればそれもよいですが、自分の身長や歩幅、両手を拡げた時の寸法やこぶしの

寸法を知っておくだけで、十分使い物になります。

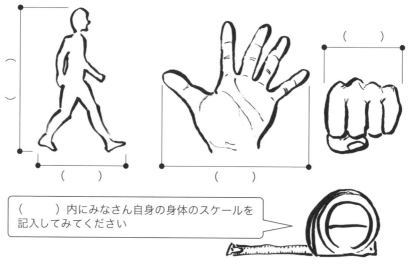

身体のスケール

　何度も繰り返すように、無意識のうちに力の流れをたどるくせがつき、構造計算をしていても必要な検討を忘れることがありません。結局のところ、外力が確実に意図したところを通って流れるかを検証する行為が構造計算でもあるわけです。

　そして、すぐれた建築ほど、力の流れがシンプルで明快だということがわかってきます。できればその時に、力の大きさも自分なりにイメージしておくとよいと思います。構造計算を繰り返すうちに、そのオーダーは収斂するようになりますし、部材の大きさまでイメージできるようになればしめたものです。

③ マクロな視点、ミクロな視点

　ディテールばかりに気をとられていると、ものの本質に気づかないことがあります。

たとえば、超高層建物。いくつもの柱はり等の部材で構成されていますが、マクロに見れば、巨大な独立柱（または片持ちばり）と考えることができます。

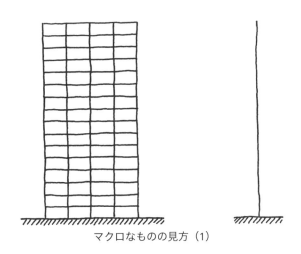
マクロなものの見方（1）

　また、次図のような架構は、ミクロに見ればブレース付ラーメン架構でしょうが、マクロに見ると巨大なラーメン架構（スーパーストラクチュア）とみなすことができます。そうすると、おおよその応力を手計算で求めることができるようになります。

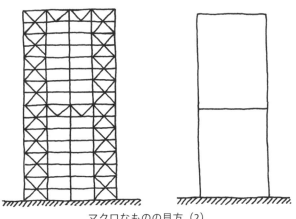
マクロなものの見方（2）

さらに、次のようなトラスばりを有する架構においても、わざわざあるがままに架構モデルを作って応力解析をしなくても、トラスばりを1本のはり部材と見れば、1層1スパンのラーメン架構になり、簡単にトラス断面を求めることができます。

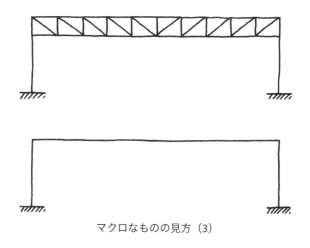

マクロなものの見方（3）

　線材置換して求めたはりの応力をトラス各個材に生じる応力に戻すのは簡単です。中央部の曲げモーメントを上下弦材の中心間距離で割って偶力を求めれば、それが上下弦材に作用する概算軸力となります。また、最大となるはり端部のせん断力からトラスの束材、斜材の軸力がわかり、応力から決まるトラスばりの部材断面を求めることができます。さらに、トラスばりの断面が決まれば、断面2次モーメントよりたわみのオーダーをチェックすることができます。
　このように、いつもマクロとミクロの視点を行き来しながら、ものを考えることが大事で、設計初期の段階では詳細な構造計算は不要だということがおわかりになると思います。

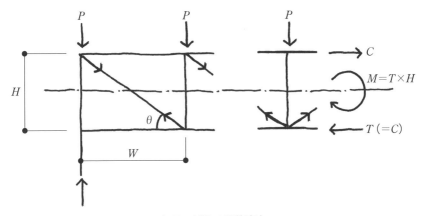

トラスばりの概算応力

4 モノは大きさをもっている

　一般的に構造計算の世界では、仮定した部材を、大きさをもたない線材に置換して応力解析を行います。そして、得られた応力に基づいて部材の断面や配筋を決め、ふたたび大きさをもった部材として復活させます。ところが、ここで大きさをもつということを忘れてしまうと、施工時にまったくモノが納まらないという状況になってしまいます。

　たとえば、鉄筋コンクリート造で、柱とはりの幅が同じだったらどうな

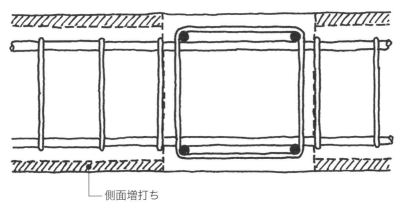

同幅断面の柱はり主筋の納まり
側面増打ち

るでしょう。柱主筋は鉛直方向に、はり主筋は水平方向に配筋しますが、かぶり厚さを等しくとると、主筋どうしが干渉することになります。そうすると、現場でははり主筋を柱主筋の内側を通さざるを得なくなり、はりの有効幅が減り、側面は増打ちになってしまいます。

また、はり部材を X, Y 方向に交差させようとすると、はり主筋のレベルを変えないかぎり配筋することができません。

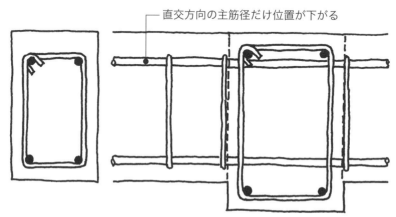

直交するはり主筋の納まり

ある大学の設計演習の講評会によばれた時に、設計課題の建物を一貫構造計算プログラムを使って計算した学生がいました。一度見てくれというので出力結果を確認すると、断面検定結果もすべて OK で一見何の問題もなさそうでしたが、厚さ 150mm の壁配筋がタテヨコとも D25 のダブル配筋となっていました。そのとき、その学生にこう質問しました。「鉄筋にはそれを保護するためのかぶり厚さが最低でも 30mm 必要で、両側で計 60mm、直径 25mm の鉄筋がタテヨコダブルで計 100mm、そこへコンクリートが分離することなく密実に打ち込まれるのに必要な鉄筋のあきが鉄筋径 25mm の 1.5 倍必要。本当に 150mm の厚さの壁に配筋できている?」と。

このように、モノには大きさがあるという、ごくあたりまえのことをつねに意識しないと構造設計はできないということを肝に銘じてください。

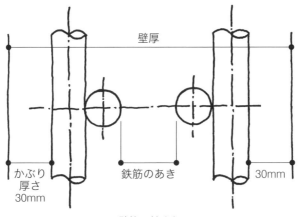

壁筋の納まり

5 迷ったときは上下ではさむ

　概略検討をする時、時間的な制約があったり、あるいはうまいモデル化が見つからずに悩むことがあります。しかし、仮定断面を出すには、実情に近い応力が必要となります。そういう時、真の値は必ずこの間にあるという、解の上界と下界を求めればよいのです。そして、その双方を満足するように設計すれば解決します。

　鉄骨造の1層1スパン架構の簡単な例で考えてみましょう。

　柱脚には何がしかの固定度（回転剛性）を有しており、完全にピンでもなく、また完全固定でもありません。真の値は両者の間にあるはずですが、柱はりは、とりあえず柱脚ピンの場合の大きい方の応力に対して検討しておくのも現実的な方法でしょう。

　この上界と下界ではさむという考え方は、たとえば真の値がなかなかつかめないものに対して、ある程度ばらつきを考慮して設計する考え方とも共通します。たとえば、地盤の鉛直剛性を弾性支承バネとして評価して基礎ばりの応力解析をしたり、杭の水平抵抗バネを用いて杭の応力を求めたりする場合がそうです。こういう場合は、バネ定数に幅をもたせて検討するとよいでしょう。また、いろいろ検討することによって、幅をもたせる

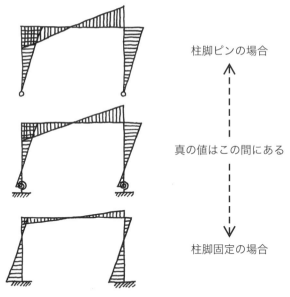

幅をもたせたモデル化

パラメータの感度、すなわち得ようとする結果に敏感に影響するのかどうかもわかってきます。

6 バランス感覚

　設計図面をチェックする際に、何を見ているかと言うと、均整がとれているかという点です。それは、部材のサイズや鉄筋の本数、柱はりのプロポーションであったりします。全体でつりあいのとれた架構になっていれば問題ありませんが、同じような架構なのに極端に配筋がちがったり、応力が想定する柱はり断面の大きさと合わない、などという場合はどこかに問題のあることが多いです。

　計算のモデル化に問題があったり、各部材の応力度に極端な余裕度の差があったり、あるいは入力ミスがあったりすることもあります。それでも何も問題が見当たらないとすれば、もともとの構造計画を疑ったほうがよいかもしれません。

構造設計では均整をとることが大事です。それは、躯体の美しさだけでなく、構造的に極端な弱点を作らないということにもつながります。その感覚は特別な能力を必要とするわけではなく、いろいろな建物の部材や架構のプロポーションを日常よく観察するだけでも身についてきます。自分が一生を通じて担当するプロジェクトの数は、たかがしれています。他の設計者がいろいろ工夫した事例を参考にしながら、バランス感覚を身につけていけばよいと思います。

コラム
ふつうの構造

　実施設計がいよいよ終盤にさしかかり、設計担当者から構造設計方針などの説明を受ける時、「ふつうの構造です」といった言葉が返ってくることがある。本人の言わんとすることは理解しているつもりだ。ラーメン架構で設計したということぐらい、意匠図を見ただけでもすぐわかる。しかし、「ふつう」って何だろうと思ってしまう。

　おそらく、メガトラス架構、シェル構造のような架構形式と純ラーメン架構とを対比させてそう言っているのだろうが、建築空間を構築するのにふつうも何もないだろう。ラーメン架構もりっぱな架構形式であるし、住み手や利用者に気持ちのよい空間を提供している建築物は、世の中にたくさんある。

　しかし、一番気にかかるのは、そういったことではない。架構形式を純ラーメン架構と決めた時点から、設計に対する意識の持ち方や設計の中身まで「ふつう」になっていないかということである。意匠図に描かれた柱をそのまま鵜呑みにしていないか。柱を平面図に落とし直すことに神経を集中させたか。柱の断面形状を条件反射的に正方形と決めつけていないか。力の流れは自分の意図したとおりになっているか。

　計算させたら設計が終わるというものでは決してない。一度組み上げたものに対して、空間の質がどうかをフィードバックさせながらプロジェクトチーム内でディテールを詰めていくプロセスが重要で、これを怠ると満足のいく建築にはならない。

　だから、「ふつう」という言葉を設計者が口にすべきではないと思っているし、それは僕自身が一番嫌う言葉でもある。

第 2 章

構造計画編

第1節｜耐震グレードを設定する

1 インフォームド・コンセント

　たとえば、あなた自身が入院して手術を受ける場合、あらかじめ医師からその目的や手術の方法、その効果や手術に伴う危険性などの説明を受け、同意書に署名します。これをインフォームド・コンセントと呼びますが、治療方針に納得できなければ当然拒否することができます。

　阪神・淡路大震災が起こるまでは、「設計士」さんにお任せ状態で、そもそも構造設計という職種があるということすら認知されていなかったように思います。その結果、建築主と設計者のあいだで、建物被害に対する認識に大きなズレがあることが問題になりました。

　構造設計者は、建築基準法を遵守して設計し、建物は大破したが人命を守り、自分の責任を果たせたと思っている一方、住宅や事業用資産を失った被災者は、どうして建物が壊れたのかという思いでいっぱいなのです。買ったばかりの新築マンションであればなおさらです。と同時に、失った資産の債務に加え、新たに調達する資産の債務が発生する、いわゆる「二重債務問題」も社会的に大きな課題となりました。

建物にどれくらい耐震上のゆとりをもたせるかは、構造設計者に委ねられており、それぞれの判断で設計に反映させてきたわけですが、それを建築主に説明し、被害イメージを共有して合意するところまで至っていなかった点を反省する必要がありました。

　阪神・淡路大震災がきっかけとなり、耐震安全性の目標となるグレードを設定して構造設計を行うようになりましたが、最近では建築主あるいは発注者側から耐震グレードの提示がされることもめずらしくなくなりました。その場合、建築版のインフォームド・コンセントで建築主に構造設計方針を説明しますが、耐震グレードだけでなく、大地震時の建物の被害イメージを正しく伝え、どこまで建物被害を許容できるかを確認したうえで、合意したことを記録として残しておくことが重要です。また、被害の程度を少なくするには、当然ながらそれなりのコストがかかるので、妥協点を見い出すまでよく話し合う必要があります。

　耐震安全性の目標については、国土交通省が「官庁施設の総合耐震計画基準」（平成19年12月18日）の中で、構造体、建築非構造部材、建築設

耐震安全性の目標

部位	分類	耐震安全性の目標
構造体	I類	大地震動後、構造体の補修をすることなく建築物を使用できることを目標とし、人命の安全確保に加えて十分な機能確保が図られている。
	II類	大地震動後、構造体の大きな補修をすることなく建築物を使用できることを目標とし、人命の安全確保に加えて機能確保が図られている。
	III類	大地震動により構造体の部分的な損傷は生じるが、建築物全体の耐力の低下は著しくないことを目標とし、人命の安全確保が図られている。
建築非構造部材	A類	大地震動後、災害応急対策活動や被災者の受け入れの円滑な実施、又は危険物の管理のうえで、支障となる建築非構造部材の損傷、移動等が発生しないことを目標とし、人命の安全確保に加えて十分な機能確保が図られている。
	B類	大地震動により建築非構造部材の損傷、移動等が発生する場合でも、人命の安全確保と二次災害の防止が図られている。
建築設備	甲類	大地震動後の人命の安全確保及び二次災害の防止が図られていると共に、大きな補修をすることなく、必要な設備機能を相当期間継続できる。
	乙類	大地震動後の人命の安全確保及び二次災害の防止が図られている。

（出典：国土交通省ホームページ http://www.mlit.go.jp/common/001050232.pdf）

備の3項目についてそれぞれ定めています。また、ホームページ上で表のような「耐震安全性の目標」を公開しています。

また、(一社)日本建築構造技術者協会では、耐震性能グレードとして、基準級、上級、特級といった三つの性能メニューを提案し、大地震後の建物の状態の違いとともに「社会に向けての構造設計パンフレット」のページで紹介されています(下図)。パンフレットはホームページ上でも一般公開されており、有効活用されるとよいと思います。

その他にも、「官庁施設の総合耐震計画基準」と整合性をとりながら、独自の耐震グレードを設定して運用している企業もあります。こうして、良質なストックを社会に残していくという使命と責任を自らに課しながら、建築を形あるものにしていくことが、これからの構造設計者には求められているのです。

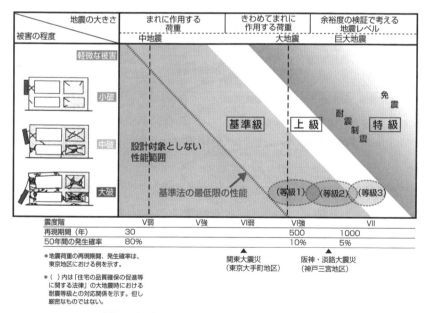

建物の耐震性能グレードと被害と修復程度の関係
(出典:『JSCA 性能メニュー［解説版］』日本建築構造技術者協会、2007 年、p.7)

2 どうやって建物を壊すか

　構造設計者は地震で壊れない建物を造っている……一般の人たちは、きっとそう考えていると思います。たしかにそのとおりなのですが、その一方でどうやって建物を壊すかについてもあれこれ考えているのです。一見、矛盾しているように思えますが、これからそのあたりを解説していきたいと思います。

　建物を壊す話をする前に、まず耐震構造がどういうものかについて説明したいと思います。耐震構造とは、柱とはり、耐力壁などで構成された骨組が地震の揺れに対して抵抗し、耐える構造システムのことを指します。1層建物の場合、荷重変形曲線を次図のように描くことができます。縦軸は水平力を、横軸は変形をそれぞれ表します。

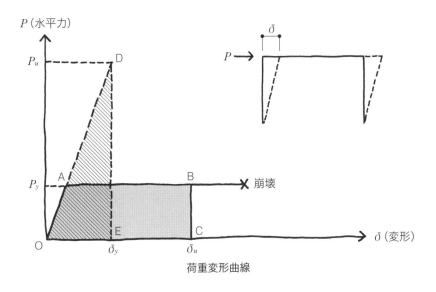

荷重変形曲線

　水平力が小さい間は両者の関係は比例関係にあり、O-A間の領域を弾性域と呼びます。バネにおもりを吊るしたら伸び、はずしたら伸びが元にもどるというイメージです。そして、その時の直線の傾きが建物の剛性を表します。

さらに水平力が大きくなると、柱やはりが降伏して剛性が低下し始め、急に変形が進むようになります。そして、A-B間の領域を塑性域と呼びます。焼いた餅を両手でつかんで割り、引っ張り続けるとやがてちぎれるイメージです。

　中地震に対しては、躯体を構成する各部材をこの弾性範囲内にとどめることが求められます。そういう意味では地震で壊れない建物を造っていると言えるでしょう。しかし、大地震時も建物に被害が生じないようにしようとすると、柱やはり部材はとても大きな断面を必要とします。大地震に遭遇する確率を考えると、経済的とは言えません。そのため、大地震に対して、ある程度躯体の損傷を許容するという考え方が出てくるのです。その時は補強や補修もやむを得ない、という考え方です。

　この時、O-A-B-Cで囲まれた面積は、建物が「仕事」をすることによって地震エネルギーを消費する量を表します。大地震時も弾性範囲にとどめようとするとき、建物が消費する地震エネルギー量は、三角形O-D-Eの面積となりますが、両者の面積が等しい時、同じ耐震性能を有しているとみなします。これをエネルギー一定の法則と呼びます。

　さて、大地震時に部材の損傷を許容する場合、壊れ方によっては建物だけでなく、多くの人命を失うことになりかねません。ですから、構造設計者はどうやってうまく建物を壊すかを考えて設計する必要があるのです。少なくとも、建物の中にいる人たちが逃げる時間を稼げるような壊し方を考えることが必要でしょう。柱がせん断破壊して、突然床もろとも崩れ落ちるような壊れ方は、絶対に避けなければいけません。

　その場合、どういう順番で部材が降伏していくかを追跡するだけなら荷重増分解析で確認できますが、それをコントロールすることが構造設計者にとって重要と言えます。いろいろな材料を使って建築の形態を構築することだけが構造デザインではありません。建物を壊すプロセスをスケッチし、着色することも立派な構造デザインなのです。

3 ボディビルダーか、レイバック・イナバウアーか

　構造設計方針を立てる際、意匠の一般図を参考にしながら強度抵抗型にするか、靭性抵抗型にするか、大きな方向性を決めなければなりません。わかりやすく言えば、ボディビルダーか、レイバック・イナバウアーか、どちらを目指すかということです。

　耐力壁やブレースを積極的に設け、いわば力づくで耐震性能を確保するのか、純ラーメン架構のように柱はりのねばりに期待し、ある程度建物の変形を許容することによって耐震性能を確保するのかによって、その後の平面計画にも影響を及ぼしてきます。地震力を集中させるのか、分散させるのか、と言い換えることもできます。もちろん、両者の混合型もありますが、「構造設計はあみだくじ？」で述べたように、当然ながら力の流し方やコストも変わってくるため、できるだけ早い時期にプロジェクトチーム内で打合せを行い、比較検討して決断を下すことが大事です。

　強度抵抗型にするのであれば、壁式構造にして柱やはり形をなくすことも考えられるでしょうし、設計ルート①相当の壁量を確保してほとんどの水平力をこれら耐力壁に負担させてしまえば、ラーメン架構部分は水平力から解放され、部材を細くすることが可能になります。その時、水平力を集約させるので、各階の床版を介して上階の水平力が下階の耐力壁に伝達できるかどうかを確認する必要があります。また、天井裏を通す設備配管

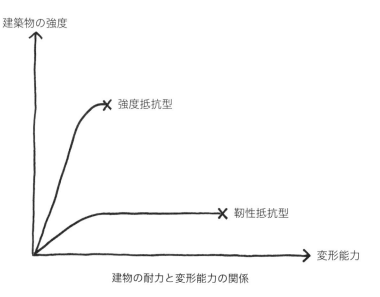

建物の耐力と変形能力の関係

やダクトにより壁に開口が生じるため、とくに内壁を耐力壁として利用する場合は設備設計者と十分打合せをしておくことが大事です。

　一方、純ラーメン架構のように靭性抵抗型にする場合は、室内に耐力壁などがなくなるためフレキシビリティが確保でき、将来にわたって諸室のレイアウト変更が容易というメリットが生まれます。しかし、大地震後に建物に残留変形が残る可能性があり、その程度によっては継続使用ができなくなる場合もあるので、大地震時の変形制限を設けて対処することも一つの方法です。さらに、免震構造や制振構造を採用すれば大地震による柱やはりの損傷を防ぐことができるので、こうしたすぐれた技術を積極的に提案・活用していくべきだと考えます。

④ どこでフェイルセーフを確保するか

　日本では、一般的に地震力で部材が決まることが多いのですが、中地震時や大地震時の大きさはこれ、と法で定められているので、その地震力で構造設計を行えば法適合性に関しては何の問題もありません。

「どうやって建物を壊すか」では、うまく建物を壊すということの必要性を述べました。しかし、必ずしも計算どおりに壊れてくれないこともあるでしょうし、想定外の大きさの地震が起きた時のことを設計者は考えておく必要があります。どこでフェイルセーフを確保しておくか。これは設計者の良心でもあり、腕の見せ所でもあります。

　たとえば、一番簡単なのは設計にゆとりをもたせることでしょう。荷重計算、あるいは断面検定のところで余裕を見込むとか、または保有水平耐力計算でゆとりをもたせるとか、やりようはいくつもあると思います。しかし、それぞれの段階でゆとりをもたせてしまうと、全体でどれほどの余裕度を確保しているかわからなくなってしまいます。やるならゆとりの感覚をもてるよう、どこかに限定したほうがよいと思います。これらのゆとりにも追加費用が伴うので、つねにコスト意識をもつようにしてください。

　そのほかにも、架構の不静定次数を高めるという方法があります。片持ち柱1本の架構だと、その柱の破壊は建物の崩壊にそのまま直結しますが、部材数が何百本もあるようなラーメン架構では、そのうちのはり1本を抜いたところで、耐震性能はほとんど変わりません。不静定次数が高いほど、それだけ崩壊のリスクに対して感度が鈍くなるのです。

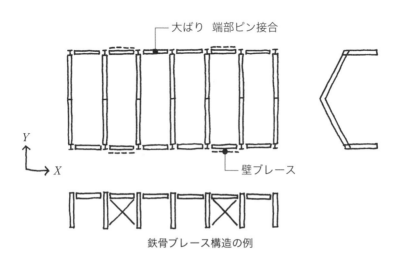

鉄骨ブレース構造の例

具体的に鉄骨ブレース構造を例にとって解説してみたいと思います。

ブレース構造は工場上家などでよく採用される架構形式で、はり間方向は純ラーメン架構ですが、桁方向は水平力を100％ブレースに負担させます。その関係で、桁方向の大ばりは両端をピン接合にすることが多いのですが、すべてのブレースが破断すると架構全体は力学的に不安定構造となります。

このとき、フェイルセーフとしてブレースをサイズアップして必要な耐力にゆとりをもたせるやり方以外に、不静定次数を高くするために大ばりの両端を剛接合にしてラーメン架構を付加する方法も考えられます。つまり、ブレースが破断してもラーメン架構が残り、倒壊を防いで逃げる時間を稼ぐという考え方です。

どこにフェイルセーフを確保するかは、設計者自身が考えることであって、正解や王道はありません。室内に複数の大きな生産機器が設置されていて、万一建物が倒壊しても逃げ込める空間が確保できると判断すれば、大ばりはピン接合でもかまわないと思います。工場建築であれば、とくにコストの制約も大きいでしょう。その時々の状況で、建物が壊れる状況をイメージし、最善の選択をしていけばよいと思います。

第2節 | 竣工後のことを考える

1 用途・レイアウト変更で困らないために

　意匠設計者は建築主と打合せを重ね、プランを詰めていき、平面図にまとめます。その一般図をもとに、各室の仕上げ荷重をはじめとする固定荷重とそれぞれの用途にあわせた積載荷重を設定して構造計算を行うのですが、ここではあまり細かく設定するのも考えものだということをお話ししたいと思います。

　建物が竣工して10年、20年と経過すると、内装改修に合わせて間仕切り壁の改修や諸室のレイアウト変更が行われます。その際、建築主から積載荷重に関する問合せがくることがあります。該当する案件の構造計算書を探し出して床荷重表を確認し、構造的な見解を回答するのですが、その時に感じるのは、設計時にあまり細かく設計用床荷重を設定したり、室内に耐力壁を設けていると、改修やレイアウト変更のネックになるということです。

　たとえば、事務室が更衣室になるなら、積載荷重が減る方向なので何の問題もないのですが、反対に更衣室が事務室になったりすることがあります。そんな時、フロア全体を事務室荷重として見込んでおけばよいのにと思います。もちろん、たいていの部材は地震力で決まっているので、部材検定比から余裕度を調べればたいていOKとなるのですが、それならなおさら設計時に見込んでおけばよいのです。

　ですから、オフィスの設計をするなら、便所や更衣室なども含めて、主用途となる事務所の積載荷重をフロア全体に見込み、それを上回る機械室、書庫などのみ別途積載荷重を設定するような整理をするのも一つの方法です。さらに、倉庫・書庫のたぐいは、あとで極端に重いものを載せたり、レイアウトを変更することが困難になるので、あらかじめヘビーデューティゾーン（とくに積載荷重を多めに見込んでおく範囲）を設定しておくとよいでしょう。

また、室内の耐力壁、とくに廊下に面した壁を耐力壁として設ける場合は、改修に当たってかなり制約となります。将来、耐力壁に新たに開口を設けることは困難ですし、レイアウトや設備更新でも何かと支障をきたすので避けるべきでしょう。

　したがって、目先のことばかり考えるのではなく、建物の使われ方や企業の将来をイメージして、荷重設定や構造計画を建築主に提案することが大事です。積載荷重を少し多めに考慮したところで、全体工事費に大きく影響することはありません。自分が建物のオーナーだったら、みなさんはどんな荷重設定をしておきますか？

2 増築はつきもの

　工場や空港施設、病院などの建築物では、増築がつきものです。ただ、上方向や横方向に一体増築を見込んで設計していても、その後に法改正があれば、改正後の法令基準を満たさないと増築不可能となります。一体増築ができないことはありませんが、竣工後すぐに増築しないかぎり、かなりのリスクを伴います。したがって、これから増築を考えるのであれば、エキスパンション・ジョイント（EXP. J）を設け、既存建物と構造的に縁を切る方法で考えるのが最善の方法だと思います。

　ここでは、設計当初に増築予定がないと言われていても、増築の話が持ち上がることがあるので、ほんの少し配慮しておけばあとで困ることもないという話をしたいと思います。

　一般的な工場増築を例にとって考えてみましょう。桁方向（X方向）に増築する場合、既存柱のすぐ横に柱を建てるのが一般的ですが、既存基礎がはみ出していては、その基礎を避けた位置にしか柱を設けることができません。したがって、妻面の基礎はあらかじめ偏心させておくと、あとで困ることもなくなります。また、張り間方向（Y方向）に増築する場合、同じく既存基礎がはみ出していると柱を近接して建てられないほか、桁方向に設けた壁ブレースが動線の妨げとなる場合があります。

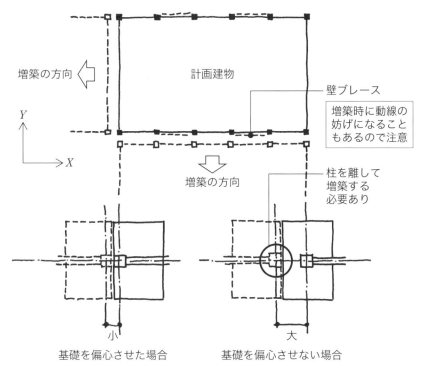

将来増築への配慮

　既存工場の耐震診断の依頼を受けた時、現地調査をすると、壁ブレースが移設されていたり、あるいは撤去されていたりすることがかなりの頻度であります。壁ブレースが使用上支障になるのであれば、初めから両方向とも純ラーメン架構形式を採用することも考えられる話です。

　このように構造計画の方針にも関係してくるので、単に計画建物単体だけをとらえて構造設計をするのではなく、まず敷地全体の建物配置図から計画建物のどちら側に空地があるのかを見て、将来拡張の見通しと合わせて増築への配慮をすることが必要です。

③ 更新のたびに増える設備荷重

　建築物の改修で最も頻度の高いのが、設備の更新です。10〜15年も経てば、設備機器を更新する時期を迎えます。全面的に更新しなくとも、毎年のように設備機器を取り替えることになりますが、そのたびに構造設計者へ相談がきます。

　そのため、あらかじめ構造図には1トンを超えるような重量機器については荷重の大きさを表示し、かつ構造計算書には設備設計者からもらった設備機器荷重に関する資料を記録として添付することにしています。しかし、更新時の機器荷重はたいてい原設計時より増えていますし、しかも機器の数も増えて、屋上で歩行用の積載荷重しか見込んでいない部分にも設備機器を置きたいという相談が本当に多いのです。そんな時、建築主に「設計で見込んでいないので、置くことはできません」と答えようものなら、「そんなこと、プロなんだから当然わかっていただろう」と言われるだけです。

　そうです、設計のプロだからこそ、10〜20％程度設備荷重に余裕を見込んで設計しておいたり、設備機器置き場の拡張をあらかじめ想定しておくといった配慮が必要なのです。それに、設計時に設備設計者から「これで十分」と言われても、その言葉を鵜呑みにしないことです。前に述べた用途・レイアウト変更と同様、一定の配慮は欠かせません。

　それから、設備機器に関してもう一つ注意すべきことがあります。それは、設備機器を設置する基礎の自重が無視できないくらい大きいということです。基礎自重が設備機器重量より大きいこともよくあります。たとえば、厚さ100mmのべた基礎を新設する場合、増加荷重は$2.4kN/m^2$になるので、広範囲になればそれだけで歩行用の積載荷重（$1.8kN/m^2$）を超えてしまいます。設備担当者と設備荷重の打合せをする場合は、その数値が基礎自重を含んでいるかどうかも確認するようにしましょう。

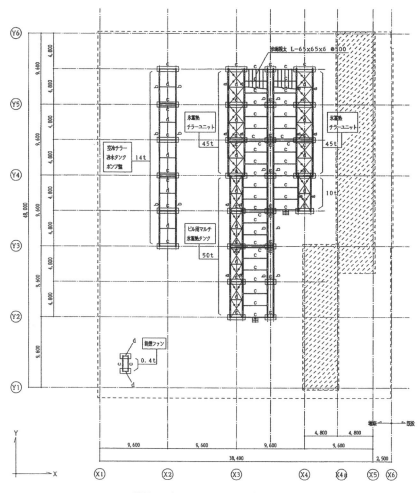

設備機器重量の記載された構造図の例

4 ソーラーパネルは載せられない？

　工場や倉庫を設計する場合、主体構造を鉄骨造で計画し、屋根材料には折版が用いられることが非常に多くみられます。折版屋根自体の自重は200N/m² 程度で、ほとんどの場合天井仕上げはありませんから、点検歩廊や設備関係の吊物荷重を除けば、非常に軽量となります。当然、そうした

用途の建築物はローコストが求められるので、屋根の積載荷重をゼロとして設計することもあります。

　ところが、2012年頃から太陽光発電が国の助成制度により普及しはじめ、各企業が自社の工場や倉庫の屋根に太陽光発電システムを導入し、売電して収益を上げようとする動きが見られるようになりました。屋根の上にソーラーパネルを設置するので、土地代も不要で投資効果も高いというのが、その動機だと思います。

ソーラーパネル設置例

　そのせいで、既存建物の屋根にソーラーパネルを設置できるかどうかの問合せが急に増えた時期がありました。ところが、もともと折版しかないところへそれを超えるソーラーパネルの荷重（300〜400N/m^2）が載ると、屋根重量が一気に2.5〜3倍になってしまいます。これが、RC造屋根であれば、もともと固定荷重が大きいため問題になることはないのですが、屋根が軽量だと建物全体の地震荷重は、かなりの割合で増えることになりま

す。その結果、部材応力や保有水平耐力の余裕率しだいでは、屋根全面にソーラーパネルを設置できないというケースも出てきます。

　その時、「載せられません」の一言で片付けるのも構造設計者なら、「屋根全体には載せられませんが、200m²までの面積であれば屋根の端部に載せることは可能です」と答えるのも構造設計者なのです。どちらの設計者を目指すのか、その判断はみなさんに委ねたいと思います。

　それはさておき、地球環境問題で社会全体にソーラー設置の動きがあることをふまえ、工場や倉庫を新築する場合は、将来ソーラーパネルを設置する予定があるかどうかを設計時に建築主に確認することをおすすめします。たとえ設置する予定がなくても、できればなにがしかソーラーが設置できるような配慮をしておきたいところです。

第3節｜事前調査を行う

1 現地に行ってわかること

プロジェクトの設計担当を任された時、必ず一度は計画敷地へ足を運んでおくことをおすすめします。というのも、現地を確認しないまま実施設計図をまとめたものの、積算が終わってから設計の不備に気づいたり、あるいは施工者から指摘されてからではどうしようもないからです。

そのいくつかを以下に紹介したいと思います。

構造関係で一番気をつけないといけないのは、杭や鉄骨、プレキャストコンクリート（PCa）部材の搬入、建て方に関する情報です。

①計画敷地周辺の道路情報

杭や鉄骨、柱はり等のプレキャストコンクリート部材等を現場に搬入する場合、トラックで運んできますが、どの程度の車輌が入ってこられるかをあらかじめ把握しておく必要があります。場合によっては、1本あたりの杭や鉄骨の長さ、1ピースあたりの重量が制限されることもあります。それに伴い、継手位置や箇所数も増減します。場合によっては、構造種別を変更しないといけないこともあります。また、敷地前面の道路幅が広く

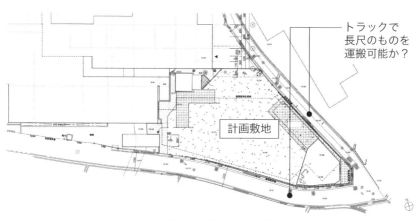

計画敷地前の道路が狭い事例

ても、幹線道路からそこまでに至る道路幅が狭くて角を曲がりきれないといった事例も実際にあるので、幹線道路から確認しておくことが必要です。

②隣地に建つ建物情報

　都市の中心部などで建物が密集して建つ場合、敷地境界線ぎりぎりに建っていることがよくあります。大地震時の揺れで建物同士が衝突するのではないかと思うものも散見できます。更地ならまだしも、既存建物を解体撤去して新たに建物を建てるとなると、既存杭の撤去工法についても考えないといけません。

　さらに、三方が建物に囲まれ、前面道路側だけが開けているような敷地だと、杭打ち機や建て方用重機の移動方向が制約されるばかりか、杭工法や杭径にまで影響が及びます。

　鉄骨建て方も敷地の奥の方から建て逃げしてくることになりますが、鉄骨建て方ができても、今度は外壁をどう取り付けるかを考えなくてはいけません。外部足場がなければ、外壁に仕上げを行うことができないので、あらかじめ仕上げを施した外壁を室内側から取り付けるなど、外壁材料の選択を含め何かと検討が必要となります。

　さらに山留め工法を想定して敷地境界線から建物をいくら控えるかを検討し、そこでようやく柱位置が決まるのです。

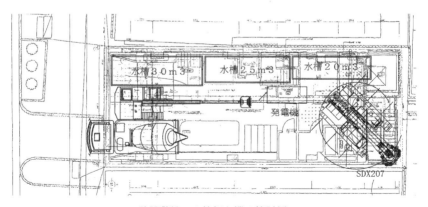

狭隘敷地での杭打ち機の検討例

③計画建物まわりのスペース

　躯体をプレキャスト化して工業化工法を採用する場合、まず工場で製作した柱やはり部材を現場に搬入し、それらの部材を仮置きします。その後、今度は各部材を揚重して建て方をしていきますが、建物平面の大きさによっては重機（クレーン）が建物の周囲を走行する必要があります。下図のように100m四方の平面を有する建物について、部材のプレファブ化を行う場合、建物まわりに10m以上のスペースがないと施工できません。こう

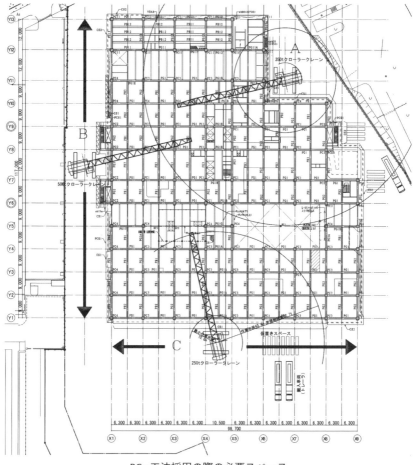

PCa工法採用の際の必要スペース

した工法の採用に当たっては、まず建て方の順序を想定しながらスペースの余裕があるかどうかを事前に検討しておく必要があります。

④計画敷地上空の障害物

　敷地上空に高圧線が通っている場合、杭打ち機のリーダーの高さが制限され、杭工法そのものの見直しやコストアップにつながるおそれもあります。また、送電線付近では、電力会社により電線位置からの離隔距離が定められています。注意しないといけないのは建物や施工機械だけでなく、施工時の足場や作業員もその建設不可範囲に含まれるという点です。これらは意匠設計者が建物計画時に電力会社に相談してチェックすべきことかもしれませんが、構造設計者としても知っておいたほうがよいと思います。

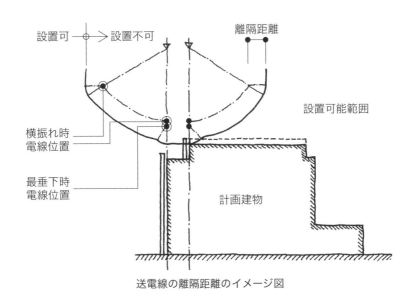

送電線の離隔距離のイメージ図

　このように、現地に行って得られる情報は多く、これを怠ると設計の手戻りばかりか、プロジェクトの遅延にもつながるので、面倒くさがらず必ず現地調査を行うよう心がけてください。

2 地盤を知る

　建物の設計に着手すると同時に、まず地盤調査を行います。構造設計者が地盤調査を行うことはできないので、通常は専門の地盤調査会社に業務を委託します。そして、そのための「地盤調査仕様書」を作成します。

　仕様書には、調査名、調査期間、計画敷地の住所などのほかに、

- 土の標準貫入試験の位置と本数、調査深さ
　地盤の硬さや締り具合の指標となるN値を1mごとに求め、あわせて試料を採取する
- 室内土質試験の試料採取位置、個数
　粘性土や砂質土など試料を採取し、その性質を定量的に把握し基礎設計用の資料とする
　試験には、土粒子の密度試験、含水比試験、密度試験、液性限界・塑性限界、透水試験、圧密試験、一軸圧縮試験、液状化試験などがある
- 孔内水平載荷試験
　地盤の変形係数、地盤反力係数などの地盤の力学特性を調べる

などを明記します。そして、十分な調査を行うことが重要です。調査が不十分では、どんな精密な計算をしても意味がないからです。地盤調査の計画については、『建築基礎設計のための地盤調査計画指針』（日本建築学会）を、また各試験方法の詳細については、土質関連の専門書を参照してください。

　通常、標準貫入試験のN値の速報は随時、現場から設計者に連絡が入りますが、支持層を確認できたら、その調査孔についてどこで調査を終えるかを指示します。あらかじめ、仕様書に「N値60以上の支持層を5m確認できた時点」と明示しておくのも一つの方法です。

　また、仕様書を作成する際、計画敷地の地盤性状がわからないことには仕様書を作成できません。そのため、地盤調査会社に計画敷地の住所を伝えて、既存の参考ボーリングデータの提供を依頼してもらい、参考にするとよいでしょう。仕様書を作成したあとは、複数の地盤調査会社から見積

1．調査件名　　　○○○○○○○○新築工事に伴う地質調査
2．調査場所　　　○○○○○
3．調査期間　　　平成○○年○○月○○日～平成○○年○○月○○日
4．調査内容
(1) 調査箇所　　　　○箇所
(2) 調査深度　　　　○○m（No. ○～No. ○）
　　　　　　　　　　（注）支持層の深さによって増減掘を行う。
(3) 標準貫入試験　　1m毎（ただし、不撹乱試料採取部は除く）
　　　　　　　　　　（注）N値の最大値は60を確認するものとする。
(4) 孔内水位測定　　無水掘より全孔ボーリング孔内水位を測定する。
(5) 標本用土質採取　土質採取は地層が異なると認められる毎に行う。
(6) 不撹乱試料採取　ボーリング孔 No. ○において行う。
　　　　　　　　　　採取本数○試料（沖積粘土○、洪積粘土○）
　　　　　　　　　　（注）採取深度は先行ボーリングの結果により別途指示する。
(7) 土質試験　　　　ボーリング孔 No. ○において行う。
　　　試験項目
　　　・砂質土
　　　　　(a) 土粒子の密度試験　　　　○試料
　　　　　(b) 土の含水比試験　　　　　〃
　　　　　(c) 土の粒度試験　　　　　　〃
　　　・粘性土
　　　　　(a) 土粒子の密度試験　　　　○試料
　　　　　(b) 土の含水比試験　　　　　〃
　　　　　(c) 土の粒度試験　　　　　　〃
　　　　　(d) 土の湿潤密度試験　　　　〃
　　　　　(e) 土の一軸圧縮試験　　　　〃
　　　　　(f) 土の圧密試験　　　　　　〃
　　　　　(g) 土の液性限界試験　　　　〃
　　　　　(h) 土の塑性限界試験　　　　〃
(8) ボーリング孔内横方向載荷試験
　　　ボーリング孔 No. ○（GL-○m附近の○○層）
(9) 地下水位測定　　○個所（GL-○m附近、GL-○m附近の○○層の被圧地下水頭の測定）
5．添付資料
(1) ボーリング調査位置図
(2) 参考ボーリング
6．提出書類
　　　　　　　　　～以下省略～

「地盤調査仕様書」サンプル

もりをとり、委託先を決めて調査に着手するという流れです。

　この地盤調査ですが、標準貫入試験のＮ値ばかりに気をとられず、土質柱状図の記事欄を注意深く読むことが大事です。と言うのも、時々「ヘド

標尺(m)	標高(m)	層厚(m)	深度(m)	柱状図	土質区分	色調	相対密度	相対稠度	記事
	-0.92	0.60	0.60		盛土	褐灰			0.20mまでマサ土。0.60mまでグリ、玉石。0.75mまで砂質シルト。以下、ヘドロ、及び廃棄物。
	-2.62	1.70	2.30		盛土	暗灰			
	-3.02	0.40	2.70		粗中砂	灰	非常に緩い		含水量は多い。
									少量の砂分を混入。最下部、腐植物混入。
	-6.07	3.05	5.75		砂混りシルト	暗褐		非常に軟い	
	-6.87	0.80	6.55		粗中砂	灰	緩い		石英質。含水量は多い。
	-7.92	1.05	7.60		シルト混り細中砂	暗灰	緩い		不均質。全体にシルト混入。含水量は多い。
									均質な粘土。
									貝がら片混入。

わずかな情報を見落とさない

柱状図記事（ヘドロ混入）の例

ロで異臭がする」とか「ガラが混在する」といった表記がされていることがあります。これらは土壌汚染のある土地であったり、計画敷地が建設廃材の投棄場所であったりします。その処分費も億単位になることがあるの

標尺(m)	標高(m)	層厚(m)	深度(m)	柱状図	土質区分	色調	相対密度	相対稠度	記事
1	376.46	1.35	1.35		礫混じりシルト質砂	暗灰～茶褐			地表付近植物混入。φ20mmの亜角礫混じる。含水小。
2	376.11	0.35	1.70		玉石	灰白			花崗岩玉石。比較的新鮮硬質。
3					粘土混じり砂礫	暗灰～茶褐			φ5～15mm程度の角礫主体。基質は砂および粘土。
	374.21	1.90	3.60						
4									
5					シルト質砂礫	暗灰～茶褐			盛土。上部は礫質砂。礫径φ20～40mm、角礫～亜円礫。ところどころに玉石が混入。プラスチック、ビニール、木片等混入。礫は花崗岩礫のほか、粘板岩その他の礫を含む。
6									
7									
8	369.31	4.90	8.50						
9									
10					砂	暗青～			上部は花崗岩礫およびマサ土を主体とする。11m～神戸層群泥岩の風化岩砕を

場合によっては、敷地全体にわたって建設廃材が埋まっている（捨てられている）こともあるので要注意

柱状図記事（ガラ混入）の例

第2章　構造計画編　｜　57

で、あらかじめ設計時点で見込んでおく必要があります。建築主が知らない場合もあるので、どんな些細な情報も自分だけで判断せず、関係者間で共有しておくことが重要です。

その他、計画敷地が更地になっていても、解体撤去された建物の杭や基礎が地中に残っている場合があります。こうした地中障害物については、特別な理由がないかぎり撤去することになっていますが、施工中に思わぬ地中障害物が見つかることもあります。その場合は、工期の遅れや多額の追加コストが発生するので、なかなかやっかいです。

3 鉄骨や杭はすぐに手に入らない

施工に当たって、よく納期ということが話題になります。鉄骨がなかなか現場に入ってこないとかいった問題です。鉄骨部材にはロール品と市中品があります。大ばりや柱などは、SN材やSM材を使うことが多いですが、これらはロール発注でしか入手できません。しかも、ロール品になると、毎月1回、翌月のロール生産の締切日が設定されているので、そのタイミングを逃すと、さらにひと月現場への搬入が遅れることになります。

通常、鉄骨や杭の納期は2～3ヶ月ですが、一時期の角形鋼管（BCP材）のように需要と供給の関係で5～6ヶ月になることもあるので、設計段階で鋼材メーカーや杭施工会社等に問い合わせ、把握しておくことが必要です。地下階があれば、こうした材料の納期は工程上クリティカルになることは少ないのですが、地下階もなく、杭も不要な鉄骨造建物の場合は、いきなり鉄骨建て方のような工事工程になってしまうので、工程のおさえを設計時点からしておくとよいでしょう。

その他、躯体のプレキャスト化を図る場合は、はり貫通やインサート類など建築、設備との取合いを反映させた施工図を作成したのちに部材の製作に着手するので、現場に搬入されるまでに4～5ヶ月かかります。したがって、コストだけでなく、施工期間についても在来工法の場合と比較検討して、どちらの工法を選択するのがよいかを決める必要があります。

第4節｜構造計画を立てる

1 建物用途とモジュール

　建築物のスパンはその用途や規模、構造種別によってさまざまですが、その中に入れるものによっておおよそ決まります。たとえば、病院やホテル、共同住宅であれば1室あたりの幅で、図書館であれば本棚の配置で、また倉庫や工場なら自動ラック倉庫の大きさや生産ラインで基本スパンが決まってきます。

　オフィスの場合、デスクや家具の配置から照明、空調ラインを含めたユニットがモジュール化され、ここ20年間は3200mmや3600mmといった寸法が70%以上採用されています（参考文献1）。そのため、桁方向の採用スパンは最小単位の2個分に相当する6400mmや7200mmがよく採用されており、外装材もこのモジュールにしたがって割り付けられます。

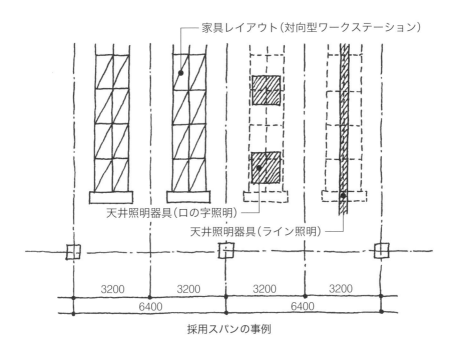

採用スパンの事例

構造計画では、どれくらいのスパンで計画するかを意匠設計者と打合せして決めますが、構造設計者もこうした基本モジュールを理解しておくことが大事です。とくにモジュール化を図る建築物については、建築、構造、設備の各設計担当者がこのルールを守る必要があり、それが守られないと使いづらい空間になったり、むだなスペースができたりします。

2 どこに柱をおとすか

　意匠設計者が構造設計者に相談をかけるタイミングはさまざまです。ほとんどプランやスパン割りが決まっていることもあれば、ブロックプランの段階であったりします。しかし、そこにできる空間をイメージしながら、最終的にどこに柱を落とすかを決断するのは構造設計者です。意匠設計者の言われるままにやるのであれば、構造設計者など必要ありません。見方を変えれば、それだけの提案力を身につけることが求められていると言えます。

　少なくとも、スパン割りは美しくシンプルであるべきだと思います。そのためには、一定のルールを決めるとよいかもしれません。応力の大きさや構造種別をイメージしながら、ルールどおりにスパン割りをしていくとよいと思います。ただ、ここで注意しないといけないのは、納まらないからといってやみくもにスパンの大きさを変えないことです。スパンのリズムを乱すと収拾がつかなくなります。こういう場合は、全体のスパンのリズムを考えながら意匠設計者と打合せし、プランとスパンの両側面から検討を行い、変更の対応をしていくとよいでしょう。

3 部材を細くするには

　部材を細く見せたいという意匠設計者の声は、構造設計者なら耳にタコができるぐらい聞いていると思います。サイズそのものを小さくするには、その部材に生じる応力を小さくすること、そして断面効率を上げることの2点が必要です。

まず、部材に生じる応力を小さくする点ですが、柱スパンを小さくする方法が考えられます。曲げモーメントの大きさは、等分布荷重ならスパンの2乗に、集中荷重ならスパンに比例します。ただし、平面計画上の制約があるので、どこまでも小さくというわけにはいきません。また、第1章で述べたように、耐力壁やブレース、さらには制振部材などに外力を集約させることによって、柱やはり部材を応力から開放するやり方もあります。

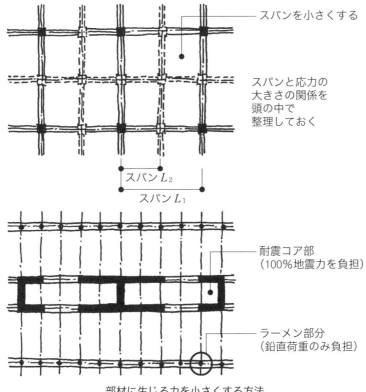

部材に生じる力を小さくする方法

　一方、断面効率を上げる点については、曲げ応力ではなく軸方向応力が作用するよう工夫することです。棒材が曲げモーメントと軸方向力を受ける際の応力分布をみれば、どちらの断面効率が高いかわかると思います。

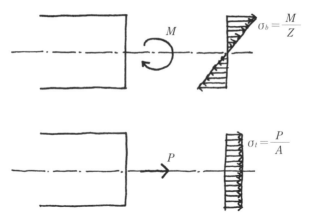

曲げモーメントと軸方向を受ける棒材の応力分布

　そのよい例がトラスです。トラスは密実な単材に生じる曲げモーメントやせん断力をすべて軸方向力として伝達させ、それを可視化したものとも言えます。そのほか、柱材であれば、耐力壁やブレースに100％水平力を負担させて鉛直荷重のみ支持させるようにすると、部材は細くなります。ただし、鉄骨柱の場合は圧縮力に対して座屈という特有の問題があるので、柱頭の水平変形を拘束することが必要ですが、反対に外装受け材のように引張力のみが作用する吊材として設計する考え方もあります。

４ どういう構造形式にするか

　建築空間の造り方に正解はありません。意匠図をどう読み解いて、意匠設計者のイメージを具現化していくか、構造設計者の力量が問われることになります。

　一般的には、ラーメン構造がよく採用されます。鉛直部材（柱）と水平部材（はり）を剛接合にすることで、外力に抵抗させる構造形式です。

　基本的には、外力に対して部材の曲げ変形で抵抗するシステムであるので、断面効率や接合部のことを考えると部材寸法はどうしても大きくなります。

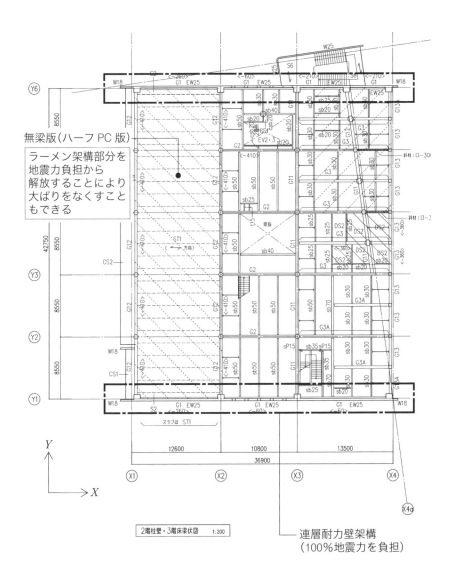

　部材寸法を小さくするには、地震などの水平荷重を耐力壁やブレースを架構内に設ける必要があります。ただし、建物用途によっては視認性や空間のフレキシビリティが損なわれることもあるので、意匠図と整合させながら平面的にも立面的にもバランスよく配置することが重要です。

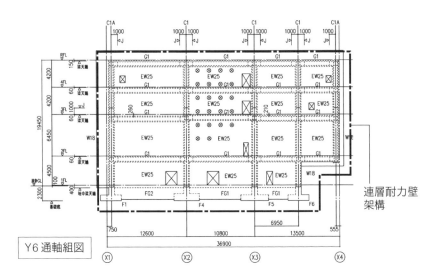

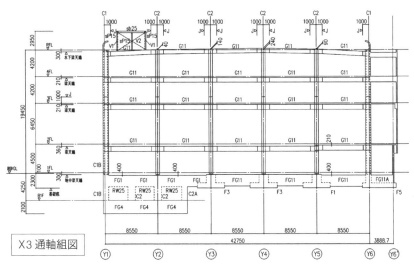

　はり部材は単材がほとんどですが、大スパン空間を必要とするホール屋根にはトラスばりが多く採用されています。無理やり単材で計画すると部材断面が大きくなってしまい、その自重を支えるためにさらに大きな部材断面を必要とする悪循環を繰り返すからです。そのため、トラスばりには

軽量な鉄骨造がよく用いられます。平面トラスには、その形状から平行弦トラスや山形トラス、あるいはその組合せタイプがあります。

　平行弦トラスを例にとると、考案者の名前をとってプラットトラスやハウトラス、ワーレントラスと呼ばれるものがありますが、斜材の配置の仕方が異なります。プラットトラスであれば、斜材が引張、束材が圧縮となりますが、ハウトラスでは、それらが逆になります。

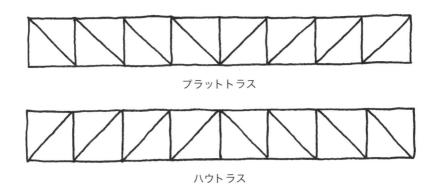

プラットトラス

ハウトラス

　したがって、鉄骨造の場合、鉛直方向の外力が支配的であれば、斜材に比べて座屈長さが短い束材に圧縮力を作用させたほうが有利になるので、プラットトラスにしたほうが合理的と言えます。木造の場合は、ハウトラスのほうが合理的になります。

　一方、ワーレントラスの場合は、斜材に引張と圧縮が交互に作用するので、地震力などの左右交番荷重を受ける大ばりに使うことがあります。

ワーレントラス

　余談になりますが、工場上家のように山形ラーメンになる場合は、鉛直荷重に対して柱頭部分にスラスト力（外側に押し出そうとする力）が作用

第 2 章　構造計画編　｜　65

するので、たとえば一貫構造計算プログラムを使って応力解析をする場合は、剛床解除しないとまったく別の架構の応力（タイバー付ラーメン構造）を求めることになってしまいます。この点、くれぐれも注意してください。

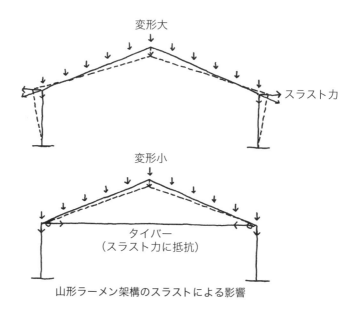

山形ラーメン架構のスラストによる影響

　以上、線材の組合せによる構造形式を紹介してきましたが、それとは対照的に面材による構造形式もあります。その代表的なものが壁式構造です。

　壁式構造とは、文字通り耐力壁と床版、壁ばりで構成される構造形式です。ラーメン構造とは異なり、柱形やはり形がないので型枠が単純化でき、しかも空間を有効利用できるメリットがあります。過去の十勝沖地震や兵庫県南部地震でもこうした壁式構造の建物に被害がほとんどなかったことからも、壁の多い建物はすぐれた耐震性を有していると言えます。この架構形式は、比較的多く壁を確保できる住宅や戸境壁のある共同住宅、寮などでよく採用されてきました。設計に当たっては、地上階数、各階階高、壁量、壁率などがあらかじめ規定されているので、詳細は日本建築学会等の解説書を参照してください。

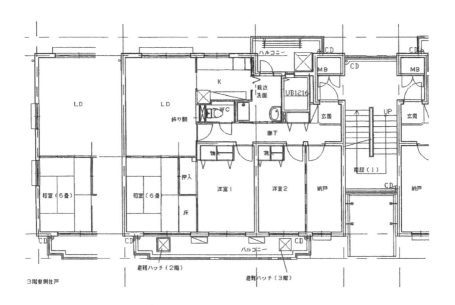

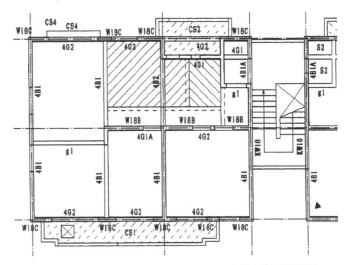

上段：意匠平面図
下段：構造床はり伏図

壁式構造の採用事例

第 2 章　構造計画編 | 67

ところで、共同住宅などでは、張り間方向は戸境壁を耐力壁として利用できますが、けた行方向は採光や出入り口の関係で、開口部が多く、耐力壁として利用できる壁を確保できない場合もけっこうあります。そのため、けた行方向を扁平な壁柱と同幅のはりからなるラーメンとし、張り間方向を連層耐力壁（または剛節架構）とした壁式ラーメン鉄筋コンクリート構造の設計施工指針が整備され、設計できるようになりました。階数の上限は15階、軒の高さも45m以下となっており、高層建築も可能です。

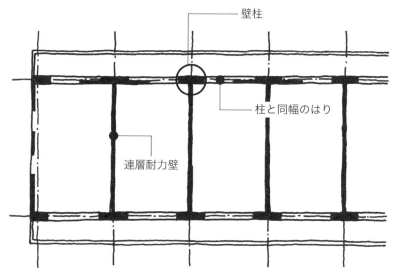

壁式ラーメン構造の平面イメージ

　このほか、面構造の代表的なものとして、薄肉曲面で構成されたシェル構造があります。分布荷重を面内力だけで抵抗させる架構システムで、適度なライズが必要となります。大スパン屋根によく採用されますが、その形態からヴォールト、ドームなどに分類されています。こうした構造においては荷重の偏在への考慮や境界条件の評価が重要で、スラストをどう処理するかという点はアーチ構造などと同様、設計上おさえておくべき基本事項です。

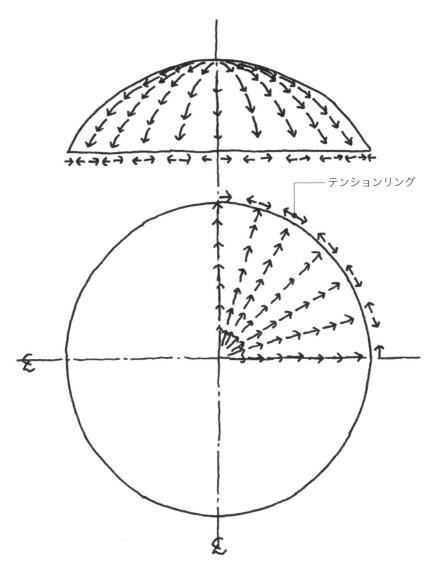

シェル構造のスラスト処理の一例

5 どの構造種別にするか

　構造種別、つまりどういった材料を使って空間を造るかは、前項の構造形式と密接に関係します。鉄筋コンクリート造（RC造）や鉄骨造（S造）、鉄骨鉄筋コンクリート造（SRC造）、プレストレスト鉄筋コンクリート造（PC造）、あるいは木造（W造）など、単独の材料だけを採用することもあれば、特定の部位ごとに使い分けたり、部材ごとに異なる材料を用いることもあります。このように、異種材料を組み合わせた構造を併用構造や混合構造、あるいはハイブリッド構造と呼びます。

　それぞれの構造種別の特徴については、ほかの参考書をご覧いただくとして、ここでは構造種別を選択するポイントについて紹介します。

　構造種別は、外壁の仕上げや空間の広さなど建築意匠に適したものを選択するほかに、施工性や工期、設計時点の建設物価状況によっても左右されます。つまり、

①外壁の仕上げ
②空間の広さ
③工期
④コスト

をつねに意識しておくことが重要です。

　外壁の仕上げについては、外壁が現場打ちのRC造なら通常は躯体もRC造にします。ただし、内部空間のスパンをとばす必要があって鉄骨ばりで計画する場合、外壁周りをSRC造、室内を柱SRC造（RC造）＋はりS造といった混合構造にすることもあります。また、外壁がALC版やアスロック、PCa版などの乾式材料であればS造で計画することも選択肢として出てきます。

　2番目の空間の広さについてですが、頭に入れておかないといけないのは、部材自重や材料特性（ヤング係数）、経済性などから決まる各構造種別の適正スパンです。床荷重の大きさによっても適用スパンは変わりますが、目安としてとらえておくとよいと思います。

適用スパンの目安

構造種別＼スパン	5m	10m	15m	20m	25m〜
RC造	■	■			
S造		■	■	■	
S造トラス				■	■
SRC造			■	■	
PC造			■	■	■

　また、部材せいは階高に大きく影響するので、スパンが決まると選択した構造種別の部材せいが納まるかどうかのチェックが必要になります。おおよそ、次のような目安をもっておくとよいと思います。

はりせいの目安

構造種別	はりせいとスパンの比
RC造	1/10 〜 1/12
S造（単材）	1/20 〜 1/30
S造（トラス架構）	約 1/10
SRC造	1/12 〜 1/15
PC造	1/15 〜 1/18

　残りの工期とコストは、鉄骨の納期であったり、職人の確保状況やその時々の経済事情などによって変わってくるので、RC造が安い場合もあれば、同じ建物でもS造が安い場合もあります。基本設計時点で必ずコスト比較を行い、設計の手戻りのないようにすることが重要です。

6 どの基礎形式にするか

　上部構造のイメージが固まってくると、次は基礎形式を決めなければなりません。最初にすべきことは、土質調査結果（土質柱状図など）をもとに建物を支持できる支持層レベルと建物の基礎底レベル（地下階の有無）を想定することです。軟弱地盤であれば、軽量化を図るために上部構造をS造とする場合もあります。

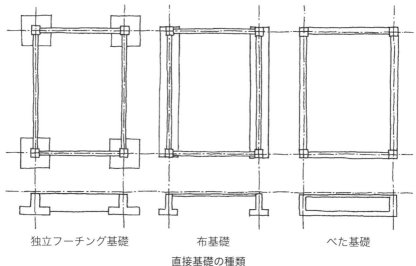

独立フーチング基礎　　　　布基礎　　　　べた基礎
直接基礎の種類

　基礎形式には、直接基礎または杭基礎があります。直接基礎は、その形状の違いから独立フーチング基礎、布基礎、べた基礎に分類されます。一方、杭基礎の場合は、杭材の違いから場所打ちコンクリート杭、既製コンクリート杭（PHC杭、PRC杭、SC杭など）、鋼管杭に分類されます。それぞれの杭工法の特徴や詳細はメーカーのカタログ等を参照してください。

　では、次のようなRC造6階建ての建物を例にとって、具体的にどの基礎形式にするか考えていくことにしましょう。

　まず建物の重量ですが、一般階はRC造であれば13～15kN/m²、S造であれば7～9 kN/m²、最下階は基礎ばりの大きさに応じて20～25kN/m²程度ととらえておけばよいと思います。ここでは壁の多い建物とみなして一般階15kN/m²、最下階20kN/m²と仮定します。

　そうすると、

　　建物全体　　$15 \times 6 + 20 = 110 \text{ kN/m}^2$

　　基礎軸力　　$110 \times \dfrac{7.5}{2} \times 7.5 = 3094 \text{ kN/箇所}$

と見積もることができます。

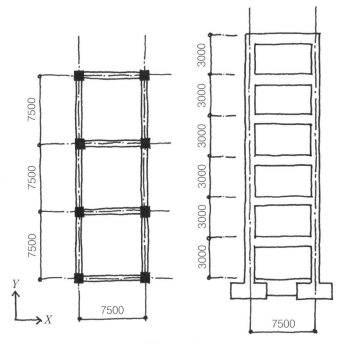

建物モデル

　一方、建物を支持できる地層として、良好な砂礫層や砂層がまず考えられますが、長期許容支持力度は通常 N 値の 10 倍程度（$10 \times N$ kN/m²）を目安にするとよいでしょう。ただし、砂層の場合、液状化する層では建物を支持することができないので注意が必要です。

　土質柱状図では、GL-4.0m 以深に N 値 30 以上の礫混じり砂層が分布しているので 300kN/m² とれると考えると、べた基礎や直接基礎にすれば建物を十分支持することが可能です。それより上部の盛土層は N 値 5 程度しかないので、この規模だと支持層としては不適です。また、直接基礎にすれば、柱 1 本あたりの基礎軸力が 3218 kN/本 より、これを地盤の支持力度（300 kN/m²）で割ると、10.8m² の面積、すなわち 3.4m × 3.4m の大きさの基礎であれば、独立フーチング基礎として支持できることになります。

　問題は、基礎底（GL-1.8m）が支持層レベル（GL-4.0m）まで届かない

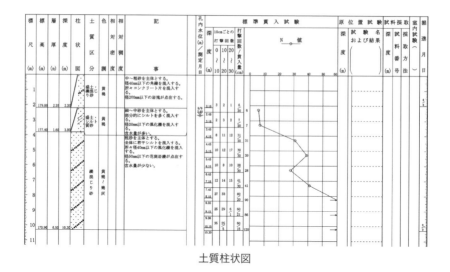

土質柱状図

　ことです。つまり、どうやってその荷重を支持層に伝達させるかですが、そのような場合は地盤改良を併用します。

　その一つが深層混合処理工法です。この工法は、機械式攪拌混合処理によって地中に柱状に改良されたコラムを杭や壁状に配置する工法で、中規模程度までの建築物によく採用されます。この場合、独立フーチング基礎下を地盤改良したほうが、地盤改良面積を少なくできるので、コスト的には有利となります。

　この地盤改良工法については20m程度の深さまで改良を行うことも可能ですが、改良深さが10mを超えると新たに杭基礎という選択肢が出てくるので、コスト比較をしたうえで基礎形式を決めることが必要です。

　なお、住宅などの小規模な建物のように地盤の許容支持力度が$50\ \mathrm{kN/m^2}$あれば十分という場合は、布基礎等の基礎下1mほどセメント系固化材を用いた浅層混合処理工法で地盤改良することもあります。地盤の許容支持力度を$100\ \mathrm{kN/m^2}$以上期待する場合は、浅層混合処理工法でなく深層混合処理工法を採用します。

7 どの杭工法にするか

　直接基礎ではなく杭基礎が必要と判断した場合、どの杭工法を採用するかは毎回コスト比較をして決めます。杭のコストでは、基本的に材料費と施工費、そして残土処分費が大きな比重を占めます。今では先端羽根付き鋼管杭のように残土処分費がゼロという杭工法もありますが、敷地や地盤条件、建物規模、地域性などによってもトータルコストが異なってくるため、どういう場合にどの杭工法が安いかを一概に言うことはできません。

　フェイルセーフを考えれば、1柱あたり最低2本の杭で支持するのが理想ですが、杭径を大きくして本数を減らしたほうが工期も短縮できコスト的には有利になります。また、杭を複数本配置する場合は、杭間隔を杭径（場所打ちコンクリート拡底杭の場合は平均径）の2倍とる必要があります。そのため、杭の支持力が大きい場合は基礎フーチングが非常に大きなものになるので、できるだけ単杭としたほうが無難です。どうしても複数本配置する場合は、杭だけでなく基礎フーチングも含めたコスト比較が必要に

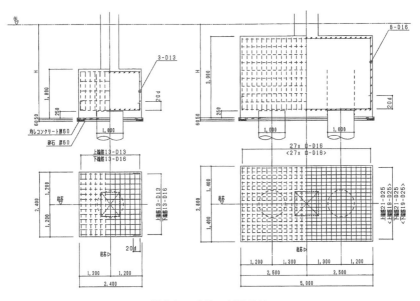

単杭と2本杭の基礎比較

なります。

　杭工法のおおまかな住み分けとしては、大規模建築物なら場所打ち杭、中規模以下の建築物なら既製杭や鋼管杭と考えておけば十分です。これらの杭工法は通常、大臣認定や評価機関の評定を取得しているので、個々の適用条件を確認し、定められた算定式にしたがって杭支持力を算定することが必要です。

　さらに、公共建築物などを設計する場合は、設計説明や会計検査で杭工法選定の根拠が求められることがあるほか、特別な事情がない限り特定の杭工法を指定することができません。類似する杭工法で杭支持力が微妙に異なる場合は、どの杭工法になってもよいようにそれら杭支持力の最低値を採用するなど、設計時点で配慮しておく必要があります。

　詳細はそれぞれの技術資料を参照することとして、ここでは杭の比較表のひながたを示しておきます。比較検討する際の参考にしてください。

		CASE 1	CASE 2	CASE 3
略伏図				
杭仕様	工法			
	杭径、本数			
	杭長			
	杭支持力			
	工法の特徴			
工期				
コスト比				
総合評価				

杭の比較表のひながた

第5節 | 構造計画の実践

1 天井裏の攻防

　通常、建物は建設コストを考えると階高をできるだけ低く抑えて計画したほうが得策です。階高が高くなれば外装面積が増えますし、構造躯体の応力や断面サイズも大きくなり、それがコストアップに直結するからです。天井裏をどう整理するか、階高を低く抑えるうえで重要なポイントになります。

　設備配管やダクト類は天井裏を通します。ところが、そこには構造躯体のはりが立ちはだかり干渉します。そのため、

　①階高を上げるか、または天井高を下げてはりの下側を通す

　②はりせいを抑えてはりの下側を通す

　③はり貫通させて配管類を通す

などの方法によって解決を図りますが、屋内配水管は 1/50 〜 1/100 程度の勾配がつくため、はりせいとの調整が必要になります。

　はり貫通可能な貫通径の大きさは、RC 造ばりの場合、はりせいの 1/3 以下、また S 造ばりの場合は、はりせいの 40 〜 50％以下に抑えるのが一般的です。

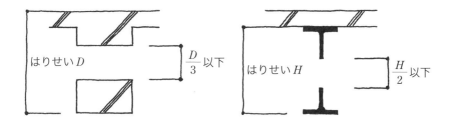

　また、応力ではなく配管ダクト類の貫通径によってはりせいが決まることもあります。はり貫通箇所の数に比例して補強の費用もアップするので、はりの架け方にも注意しなければいけません。

天井裏の状況(学校)

天井裏の状況(オフィスビル)

そのほか、天井材を上階の床スラブから吊材で支持させる必要があるので、吊材や天井支持フレームの振れ止めも出てきます。次の写真は、ある学校とオフィスビルの天井裏を撮影したものですが、設計時点でかなり整理してもまるでパズルを解くような状況です。意匠、構造、設備計画のあいだで整合性を確保するために、天井裏の攻防を繰りひろげることが、これでおわかりいただけたと思います。

2 意匠設計者と調整すべきこと

　意匠設計者と打合せしないと、構造計画や構造計算ができませんから、実務をやっているうちに自ずと打合せすべき事項はわかってきます。意匠担当者と打合せする際に調整すべきことを列挙すると、おおむね次の項目になります。
　① 天井高の調整
　②壁の種別（RC壁か乾式壁か）
　③床や壁、屋根などの仕上げ
　④床下ピット、トレンチなどの有無
　⑤躯体に関する調整事項
　天井高の調整については、次の「設備担当者と調整すべきこと」で詳しく述べますが、階高の設定に大きく影響するので、各担当者が揃って打合せし、天井裏の交通整理をすることが必要になります。
　壁の種別については、とくにRC造の場合は耐力壁やそで壁、垂れ壁が構造計画やその後の構造計算に大きな影響を及ぼすので、設計のあいだ何度も打ち合わせ、確認を行う必要があります。また、外壁や間仕切り壁の荷重を拾う際にも、こうした情報は欠かせません。次の床や壁、屋根などの仕上げについても同様です。床の仕上げ厚さがわかると躯体の床やはりの天端レベルも決まるので、それらの情報をもとに躯体の納まりをチェックします。
　床下ピット、トレンチについては、設備配管やそのメンテナンスのため

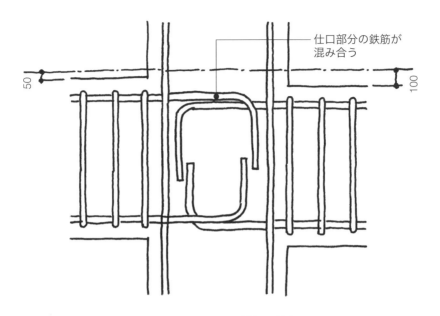

仕口部分の鉄筋が混み合う

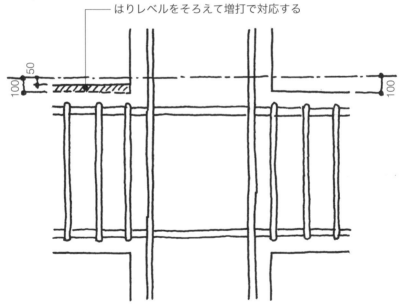

はりレベルをそろえて増打で対応する

RC造ばりの天端レベルの設定例

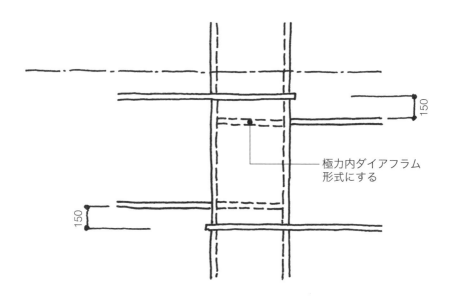

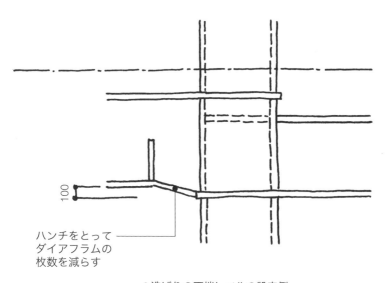

S造ばりの天端レベルの設定例

に設けることが多いのですが、作業に支障のない有効寸法が確保できるように計画することがポイントです。さらに、どこからメンテナンスをしに入るか、すなわち1階スラブの各所にマンホールを設けて入るのか、あるいは基礎ばりに600φ程度の人通孔を設けてピット内を行き来するのかを計画段階で調整することが必要です。人通孔を設ける場合は、基礎ばりせいが孔径の3倍として1800mm必要となり、場合によっては応力ではなく、人通孔ではりせいが決まることもあります。

最後の躯体に関する調整項目については、柱の位置、柱断面寸法を上階でしぼる場合はそのしぼり方、はりの寄り寸法、床スラブの段差などをお互いに確認しながら整理していきます。とくに中途半端な段差、RC造の場合だと30mmや50mmなどの段差のたびに細かくはりの天端レベルを変えてしまうと、鉄筋の納まりが極端に悪くなるので、ある程度グルーピングすることが重要です。

また、S造の場合は、柱はり接合部のダイアフラムの溶接施工性の問題から、はりのレベル差を設ける場合は150mmを標準の目安としてください。このほか、外壁等の変形追従性やディテールの確認、天井材を含めた仕上げ材の納まりなども重要な確認事項になるので、意匠担当者にまかせきりにせず、お互いにチェックするようにしてください。

③ 設備設計者と調整すべきこと

設備担当者と打合せする際に調整すべきことを列挙すると、おおむね次の項目になります。

①はり貫通径の大きさと位置
②耐力壁の開口の大きさ
③縦シャフトとはりの干渉
④埋込み配管
⑤設備機器の荷重

はり貫通については、「天井裏の攻防」のところでも少しふれましたが、

設備のメインルートを設備担当者から聞き出し、はり貫通で対応するのか、はりの下側を通すのか、方針を出す必要があります。たとえばRC造のはり貫通の場合、その孔の中心位置は原則として、地震時に大きな応力を受けるはり端部（柱面からはりせい（D）の1.2倍以上）を避ける必要があります。また、はり貫通孔のピッチは、孔径（d）の3倍以上とることが必要で、スパン内に並びきるかどうかの確認も忘れてはなりません。

　また、衛生設備の排水配管の場合は、重力式が基本で勾配が必要なため、

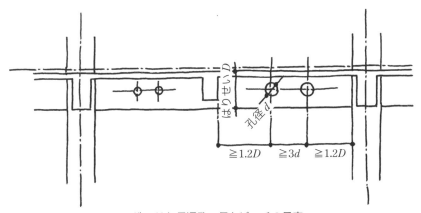

RC造のはり貫通孔の径とピッチの目安

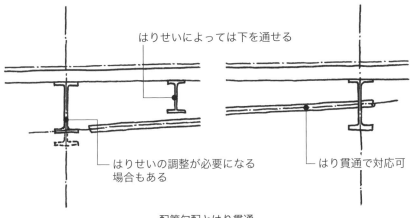

配管勾配とはり貫通

第2章　構造計画編　｜　83

はりの主筋や鉄骨フランジとの干渉がないよう、高さ方向の位置についてもあらかじめ情報共有していくことが重要です。場合によっては、はりせいを上げたり、あるいははりにハンチを設けて断面を小さくし、はり下を通したりすることもあります。もっとも、この場合はシャフトの位置が大きく影響するので、意匠設計者も含めて打合せが必要になります。

　次の耐力壁の開口の大きさですが、ドアや窓開口の大きさは意匠図を見ればおおよそ予想がつきます。しかし、天井裏に隠れてしまう設備ダクト等による耐力壁の開口の大きさについては、現場に入ってからの変更になると計画変更を余儀なくされ、予定工期を守れなくなる事態も出てきます。そのため、十分に設計時点で開口位置や大きさについて合意を得ておくことが重要です。場合によっては、耐力壁にすることをあきらめる事態も十分考えられるので、後述する「やってはいけない耐力壁の配置」も参考にしながら構造計画との整合性を十分図るようにしてください。

　三つめのシャフトとはりの干渉については、DS (Duct Space) や PS (Pipe Space) は平面計画上、壁際に配置することが多く、そのためにはりとの干渉が問題になることがあります。たとえば1階の基礎ばりと2階以上のはりの幅が極端に異なるような場合、空調衛生配管が基礎ばりと干渉したり、あるいははり幅が大きいために、シャフトの有効面積が確保できないこともあります。その場合は、DS や EPS（Electric Pipe Space）の面積を大きくとらざるを得ず、平面計画との調整が必要になります。また、EPS の場合、分電盤の前にケーブルラックを通せないので EPS 内のレイアウトをよく確認するほか、また DS、PS を竪穴区画で形成する場合は、床スラブが本来必要ないものの、メンテ用に必要かどうかも確認しておくとよいと思います。

　四つめの埋込み配管については、EPS を狙ってかなりの電気配管が、コンクリートが十分に打設できないかと思うぐらい集中することがあります。場合によっては、別途設計図書に埋込み配管のピッチ、本数の制限などを明示しておいたほうがよいでしょう。

縦配管の施工例

スラブ内の埋込み配管の施工例

最後の設備機器の荷重については、あらためて説明するまでもないことですが、床の積載荷重の設定に必要な情報ですから、できるだけ早い時期に機器重量や設置位置などの資料提供を設備設計者に依頼しておいたほうがよいでしょう。ただし、設備機器によっては設備機器を据え付ける基礎自重のほうが大きい場合も多いので、設備機器本体のみなのか、基礎自重込みなのかをよく確認しておく必要があります。

　以上のように、意匠、構造、設備は三位一体の関係にあります。ですから、完全分業ではなく、お互いの分野のことを理解することが、建築設計には欠かせません。

④ RC造の床組はこれで決まる

　RC造の床組を決めるポイントは大きく二つあります。
　①スラブをどう分割するか
　②小ばりをどの向きにかけるか
　1点目のスラブをどう分割するかについては、1枚のスラブの面積が大きいと、収縮応力と曲げ応力が重なり合って過大なひび割れが生じやすくなります。そのため、25m²程度以下となるよう小ばりを配置していくとよいでしょう。たとえば、基準スパンを 7.2m × 10.8m とすると、大ばりで

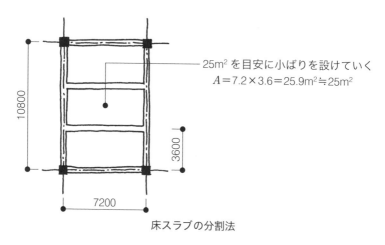

床スラブの分割法

囲まれた面積は 78m² になるので、3 等分すれば 1 枚あたりのスラブの面積はおよそ 26m² になります。この 25m² という数値は経験的な目安であり、『鉄筋コンクリート造のひび割れ対策（設計・施工）指針・同解説』（日本建築学会）にも推奨値として明記されています。

また、階段室やエレベータシャフトなど、部分的に RC 壁が存在する場合は、スラブに集中荷重が作用するのを避けて、壁の直下に小ばりを配置することをおすすめします。

次に、小ばりをどの向きにかけるかについてですが、次の図をご覧ください。小ばりを X 方向にかけるか、Y 方向にかけるかによって、大ばりの長期応力が変わります。

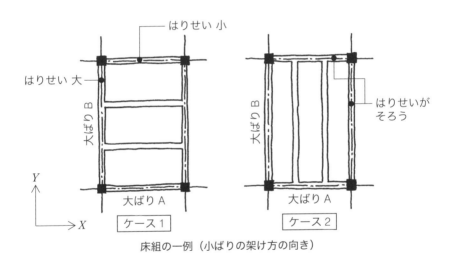

床組の一例（小ばりの架け方の向き）

ケース 1 の場合は、大ばり B に小ばりのせん断力が作用するため、大ばり A よりも応力が大きくなり、両者のはりせいにかなり差が生じます。ケース 2 の場合は、大ばり A に小ばりのせん断力が作用しますが、スパンが小さいので結果として両方向の大ばりせいがそろってきます。

両方向とも同じスパンの場合も同様のことが言えますが、はりの応力を均一にしたい場合は、小ばりを格子ばりにしたり、あるいは小ばりの向き

をスパンごとに替える方法もあります。

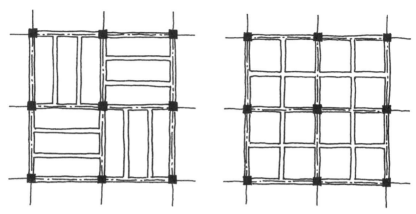

応力を均等にする床組の一例

　あとは、設備配管などを通すルートやはりを貫通させる場合の貫通径によっても必要なはりせいが決まってきたりするので、それらを総合的に判断して床組を決めます。

5 S造の床組はこれで決まる

　S造の床組を決めるポイントもRC造とまったく同じですが、異なる点が2点あります。

　まず1点目は、スラブを25m²ではなく、約3mごとに小ばりで分割していく点です。この3mという値はデッキプレートの標準スパンと理解してください。

　2点目は、H形鋼大ばりの場合、デッキプレートから決まる以外に横座屈補剛や保有耐力横補剛から決まる小ばり間隔があるという点です。

　たとえば、次頁図の$X_1 \sim X_2$通間の大ばりの断面がH-800 × 350 × 16 × 28（SN490B）とすると、はりの変形能力確保のための横補剛間隔は、はりの全長にわたって均等間隔で配置する場合、

$$\lambda_y = 130 + 20n$$

λ_y：はりの弱軸まわりの細長比（$= l/i_y$）

l：はりの長さ（$= 12600$mm）

i_y：はりの弱軸まわりの断面二次半径（$= 79.4$mm）

n：横補剛の箇所数

より、$\eta = \dfrac{130 - \lambda_y}{20}$

したがって、

$n = (158.7 - 130) \div 20 = 1.4$　→　2本＜3本　OK

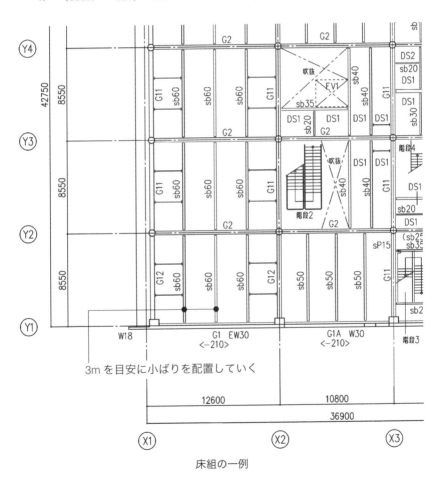

床組の一例

一方、H-800 × 300 × 16 × 25（SN490B）の場合は同様に

$n = (196.0 - 130) \div 20 = 3.3$　→　4本 > 3本　NG

となり、5分割、すなわち2.52m間隔で小ばりを配置する必要があります。このように、S造床組はRC造のそれとは異なり、部材断面、すなわち剛性や応力の大きさにも影響するので単純には決まらないということを頭に入れておくとよいと思います。

6 やってはいけない耐力壁の配置

耐力壁の配置については、建物が地震時にねじれ変形が生じないように平面的にバランスよく配置することと、特定の階に地震エネルギーが集中しないよう、高さ方向にも剛性を揃えて配置することが鉄則です。それ以外にもいくつか注意すべき点があります。

平面図だけを見ると、出入口以外に大きな壁開口もなく、機械室、電気室まわりの壁を耐力壁にできると錯覚しがちですが、実際には機械室など

機械室まわりの壁開口（天井裏を見る）

から多くの設備ダクトや配管類が壁を貫通して出入りします。まず、耐力壁にはならないものと心得ておいてください。

また、耐力壁（ブレース）に面内せん断力が伝達できないような場所も要注意です。たとえば、階段室やエレベータシャフトなどがあって、吹抜けている部分です。必ず、耐力壁に期待するせん断力が伝達可能かどうかをよく見極めたうえで設定することが重要です。

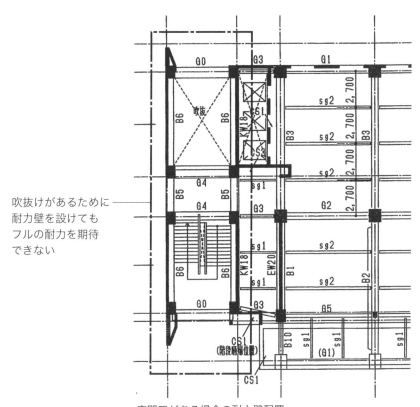

吹抜けがあるために耐力壁を設けてもフルの耐力を期待できない

床開口がある場合の耐力壁配置

それ以外にも、高さ方向に建物の水平剛性はそろっていても、耐力壁の位置が各階によってまちまちだと、スラブの面内せん断力を介して上階の耐力壁から下階の耐力壁に地震力が流れるので、非常に複雑な力の流れに

なります。さらに、耐力壁直下の柱に地震時に大きな付加軸力が作用するため、耐震設計上よい構造計画とは言えません。

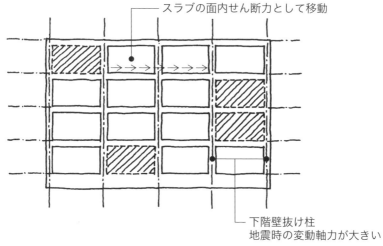

望ましくない耐力壁の配置例

7 SRC造で最初に決めるべきこと

　SRC造とRC造で最も異なる点は、中に鉄骨があるかないかです。すなわち、SRC造になると柱鉄骨形状によって鉄骨ばりのウェブ芯が各階とも決まるため、RC造のように自由に寄せることができません。そのため、SRC造として設計をすることに決まると、まず柱鉄骨の形状とはりの寄せ寸法を検討して柱芯線図を作成します。

　基本的には柱鉄骨は「十字型」ですが、外壁まわりのように壁が外側に偏在したり、あるいはELVシャフトのようにできるだけはりを片側に寄せたい場合は、「T字型」にします。一方向をRC造にする場合は、「一文字型」で対応します。

　ただし、「工具で決まるSRC造柱の鉄骨形状」で後述するように、柱鉄骨形状にはその溶接施工や柱継手のボルト締め付け機のサイズから決まる寸法の制約があるので、このチェックは欠かせません。これを怠ると現場

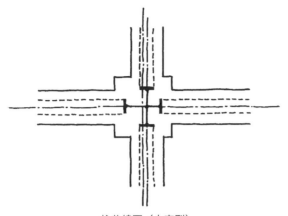

柱芯線図（十字型）

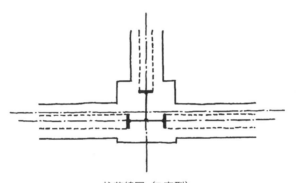

柱芯線図（T字型）

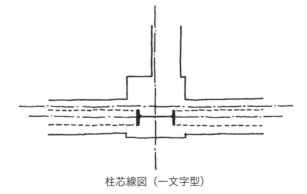

柱芯線図（一文字型）

第 2 章　構造計画編

で組立てができないということになりかねません。これについては第4章で詳しく述べたいと思います。

8 敷地条件で制約される構工法

　構造設計を長くやっていると、いろいろと新しいことを提案したくなりますが、やろうとしても敷地条件の制約のためにあきらめざるを得ないこともあります。

　たとえば、免震構造です。免震構造は地震時に建物自体をゆっくり大きく揺らす構造形式で、大地震後も継続使用可能でBCP（事業継続計画、Business Continuity Planning）という観点において耐震性にすぐれています。耐震構造とは異なり、免震層に600mm前後の変形が生じるので、建物まわりに少なくとも1.5m程度の敷地の余裕がないと納まりません。その場合、無理やり免震構造を採用しようとすると、必要な床面積がとれないこともあるので、耐震構造や制震構造も念頭に入れていろいろな視点から比較検討することが必要です。

　部材のプレキャスト化を図った積層工法を採用する場合も「現地に行ってわかること」で述べたように制約があります。現場で施工するより、工場で部材を製作し、トラックで現場に搬入してそれらをPC鋼線等で圧着し組み立てるほうが品質も高いのですが、搬入された部材を一時ストックしておくスペースが必要になるほか、重機（クレーン）がそれらを吊り上げ、移動するスペースが敷地内に必要となります。

　その他、ビルなどが建ち並ぶ狭小地では、敷地内に入り込める重機の大きさから揚重性能が制約されたり、あるいは外壁材の取付け方法から仕上げ材が制限されることもあります。このように、設計に必要な情報は敷地条件からたくさん得られます。設計に着手する前に一度は現地を確認しておくという理由がおわかりいただけたでしょうか。

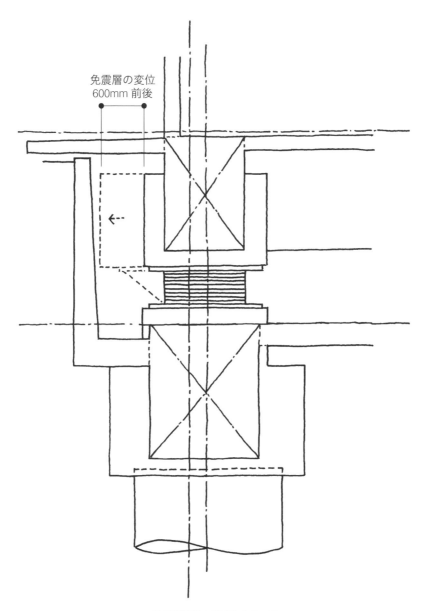

免震構造物の断面イメージ

コラム
ハイヒールのはなし

　ずいぶん前の話になるが、満員電車の中で急ブレーキがかかり、女性にハイヒールで足を踏まれたことがある。最近でこそ、通勤ラッシュの時間帯にハイヒールをはく女性を見かけなくなったが、ハイヒールでなくとも誰かに足を踏まれた経験は、おそらくほとんどの人がしているのではないか。

　とくにピンヒールの場合は、じわっと踏まれるならまだしも、先端のとがったものが容赦なく靴の上に落ちてくるので、革靴をはいていても涙が出るほど痛い。荷重のタイプで言えば衝撃荷重に相当するが、いったいどれぐらいの衝撃係数になるのだろうか。数少ない（多くても困る）経験から判断すると、感覚的には3倍、感情的には10倍というところだろう。

　話を簡単にするために、体重50キロの人が、かかと部分の断面積1cm^{2}のハイヒールを履いていたとしよう。少なめに見積もって片側のかかとに体重の半分がかかった時の接地圧を計算すると、25kgf/cm^2、すなわち250tf/m^{2}になる。ただし、ここでは衝撃係数は無視した。

　単に数値だけみると、250tf/m^{2}と言えば、以前設けられていた場所打ち杭の長期許容支持力度の上限値である。また、建築基準法施行令第93条に定める岩盤ですら地盤の長期許容支持力度が100 tf/m^{2}であるから、局部的とはいえヒールに作用する圧力がいかに大きいかがわかる。

　ただ、幸いなのは体重が50kgfと絶対値そのものが小さいことと、荷重の作用時間が非常に短いことである。いつまでも他人の靴を踏んづけたままでいるような人はいないし、「ごめんなさい」の一言が車内の雰囲気を一気に和らげる。ちなみに、僕が革靴で他人の足を踏んだ場合の接地圧を同様に求めてみたら5.4tf/m^{2}で、盛土でも支持できる程度だった。

第3章

構造計算編

第1節 | 感覚で理解する構造力学

1 力のつりあい

　ある物体にいろいろな力が作用している状態で、その物体が動かず静止している時、それらの力はつりあっていると言います。たとえば、運動会の綱引きがそうです。両チームが互いに反対方向に引っ張り合っても勝負がつかないのは、両者の力が等しく、同一作用線上にあるからです。つまり、

　①作用線が一致する
　②力の大きさが等しい
　③力の向きが互いに反対（作用と反作用の関係）

　これがつりあいの条件になります。

　それは、複数の力が作用しても同じです。

　次の図をご覧ください。X、Y 平面上で三つの力 P_1、P_2、P_3 が作用し、それらの作用線が原点 O で交わっているものとします。

　原点 O が X、Y のどちらの方向にも動かない場合、これらの力はつりあい状態にあります。したがって、その時の力のつりあい式は、それぞれの力を X、Y 方向の分力に分解すると、次のように表すことができます。

　　$\Sigma P_x = 0$　すなわち　$P_{1x} + P_{2x} + P_{3x} = 0$

　　$\Sigma P_y = 0$　すなわち　$P_{1y} + P_{2y} + P_{3y} = 0$

　言い換えると、X、Y 方向の力の総和がゼロであることが必要となります。これらの力のバランスがくずれた瞬間、原点 O は動き始めます。

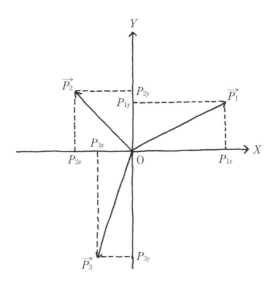

　次に、下図に示すように作用線が一致しない場合はどうでしょうか。みなさんが容易に想像されるように、外力によって物体は原点 O まわりに回転を始めます。

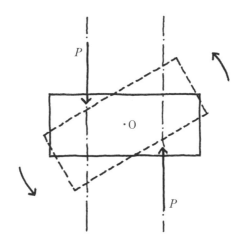

　そこで、次に「モーメント」の概念をもとに力のつりあいを考えてみることにします。

2 モーメント

　ある点または軸まわりに回転させようとする力の作用をモーメントと呼びます。モーメントという言葉を知らなくても、みなさんはすでに日常生活のいろいろなところで使っています。

　たとえば、スパナでナットを締め付ける時がそうです。ナットを回転の中心とすると、スパナの根元ではなく端を持って回そうとするでしょう。そのほうが簡単に締め付けられることを経験的に学習しているからです。

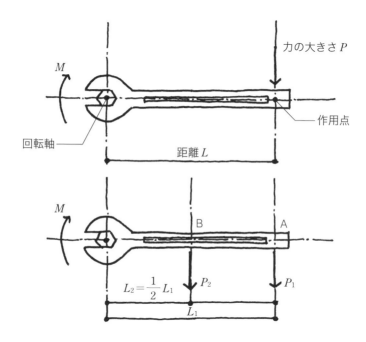

そのモーメントの大きさは、

　　力の大きさ P × 回転中心から作用点までの距離 L

で表すことができます。

ナットを回すのに必要なモーメントを M とすると、

$$M = P_1 \times L_1 = P_2 \times L_2 = P_2 \times \frac{1}{2} \times L_1$$

したがって、P_1 と P_2 の関係は $P_1:P_2 = 1:2$ となり、ナットを締め付けるのに必要な力は、A 点をもったほうが B 点の半分で済むことがわかります。

　また、シーソーもモーメントを応用したものです。支点を中心として左側の人はシーソーを反時計まわりに回転させようとする一方、右側の人はシーソーを時計まわりに回転させようとしますが、このモーメントが等しいと、シーソーは平行を保ったまま静止します。この場合も力がつりあっていると言います。つまり、平面で力のつりあいを考える場合、X、Y 方向の力の総和がゼロであることに加えて、回転させようとする力のつりあい、すなわち任意の点まわりのモーメントの総和がゼロ（$\Sigma M = 0$）ということも考慮する必要があるのです。

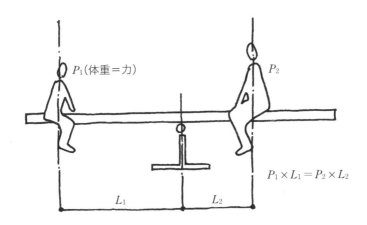

③ 曲げモーメント

　建築物について力のつりあいを考えてみたいと思います。下図のように、ある部材を曲げようと両手でモーメント M を作用させた時、部材の下側には引張力が作用し、上側には圧縮力が作用します。そして、部材は変形しますが、つりあい状態となって静止します。つりあっているということは、部材のどの微小な部分を切り出しても $\Sigma M = 0$ が成立し、この曲げを生じ

させるモーメントを曲げモーメントと呼びます。通常は、図のように部材の下側が引張を受ける場合を［＋］、下側が圧縮を受ける場合を［－］にとります。

部材が外力を受けて変形した後も、断面は平面を保つと仮定（平面保持の仮定）すると、変形量は上端から下端まで直線分布で変化しますが、伸びも縮みもしない面が存在します。これを中立軸と呼びます。

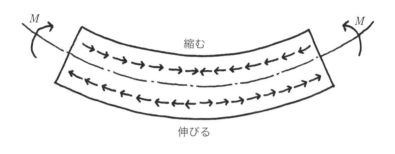

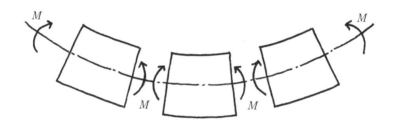

ここで、幅がB、せいがDの長方形断面ばりに曲げモーメントMが作用した場合のはりの曲げ応力度を求めてみることにしましょう。

はりを曲げると曲げモーメントが生じますが、断面の中立軸を対称に、圧縮力と引張力が生じます。この応力分布は中立軸ではゼロで、端部で最大となります。このはり断面の上端や下端での応力度を縁応力度と呼びます。圧縮側の縁応力度を$_c\sigma_b$、圧縮側の縁応力度を$_t\sigma_b$とすると、これらは等しく、また、断面に作用している圧縮力Cと引張力Tはそれぞれ応力度を積分して次のように求めることができます。

$$\sigma = {}_c\sigma_b = {}_t\sigma_b$$

$$C = \frac{1}{2} \times B \times \frac{D}{2} \times {}_c\sigma_b = \frac{1}{4} \times B \times D \times \sigma$$

$$T = \frac{1}{2} \times B \times \frac{D}{2} \times {}_t\sigma_b = \frac{1}{4} \times B \times D \times \sigma$$

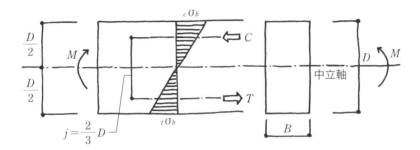

部材に作用する曲げモーメント M は C または T の合力に応力中心間距離 j を乗じたものになるので、

$$M = \frac{1}{4} \times B \times D \times \sigma \times j = \frac{1}{6} \times B \times D^2 \times \sigma$$

となります。ここで、断面係数 Z は

$$Z = \frac{1}{6} \times B \times D^2$$

であるから、

$$M = Z \times \sigma \quad \text{すなわち} \quad \sigma = \frac{M}{Z}$$

という関係が導かれます。

4 せん断力

部材の軸方向に対して垂直方向に互いに反対向きの一対の力が作用すると、部材断面がずれようとしますが、その作用力をせん断力と呼びます。

はさみは、そのせん断力を利用していますが、紙を切れるのは紙のせん断抵抗力よりはさみの作用せん断力のほうがはるかに大きいからです。

片持ちばりの先端に荷重Pが作用すると、はりの断面をずらそうとする、Pと同じ大きさのせん断力が作用します。通常は、図のように時計まわり（↑↓）を［＋］、反時計まわり（↓↑）を［－］にとります。

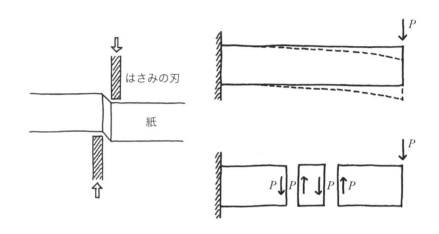

そのはりのせん断抵抗力のほうが大きいと、はり断面内部をせん断力が伝わって固定端までたどりつき、反力が反対向きのPとなって鉛直方向がつりあうわけです。反対に、せん断抵抗力のほうが小さいと、はりは紙と同じようにずれてちぎれてしまいます。建築の世界では、この壊れ方をせん断破壊と呼びます。建物上部の荷重を支えている柱部材が、地震時にせん断破壊を起こすと、それまで支えていた荷重を支えきれなくなって急激に崩壊に至るので、どうしても避けなければなりません。

5 軸方向力

軸方向力には、引張力と圧縮力があります。どちらも部材を軸方向に変形させようとする力ですが、その方向は正反対となり、引張を［＋］、圧縮を［－］で表現します。

図のように、材長 L の部材の端部に引張力 P を作用させると、部材の各切断面には P とつりあう軸方向応力度 $\sigma\,(=P/A)$ が均等に分布します。また、引張力 P によって材長が $\triangle L$ だけ伸びたとすると、$\varepsilon = \triangle L / L$ をひずみ度と呼びます。

　また、軸方向応力度 σ とひずみ度 ε との間には、

　　$\sigma = E \times \varepsilon$　　ここで、E：ヤング係数

という関係があり、これをフックの法則と呼びます。

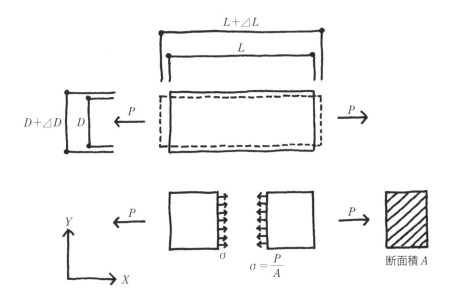

これらの関係より、

$$\frac{P}{A} = E \times \frac{\triangle L}{L}$$

すなわち、

$$\triangle L = \frac{P \times L}{E \times A}$$

という式が導かれ、引張力 P を作用させた時の材の伸び $\triangle L$ を簡単に求め

ることができます。

　一方、部材に引張力を作用させると、軸方向に伸びると同時に、軸直角方向に縮みます。これらのひずみ度はそれぞれ次の式で表すことができます。

$$\varepsilon_x = \frac{\varDelta L}{L}$$

$$\varepsilon_y = \frac{\varDelta D}{D}$$

この、横ひずみと縦ひずみの比をポアソン比 ν と言います。一般的には、コンクリートで0.2、鉄骨で0.3の値をとります。

$$\nu = \frac{\varepsilon_y}{\varepsilon_x}$$

6　CM_0Q_0

　構造設計の仕事をしていると、ちょっとした手計算をやって仮定断面を出すことが非常に多いことに気がつかれるでしょう。大学の構造力学の講義では、仮想仕事の原理、カスティリアーノの定理といった弾性構造物のエネルギー理論やたわみ角法を使ってラーメンなどの応力を求めた経験があると思います。実務の世界ではこうした手法を用いる機会は少なく、固定モーメント法（モーメント分配法）によることが多いように思います。この方法を使えば、直接曲げモーメント分布を求めることができます。そのとき、必要になるのがこの CM_0Q_0 で、一般的に「シー・エム・キュー」とか「シー・エム・ゼロ・キュー」と呼んでいます。

　C は両端固定ばりの材端曲げモーメント、M_0 は単純ばりの中央部の曲げモーメント、Q_0 は単純ばりの反力（せん断力）を表します。コンピュータを使って構造計算をする場合も例外ではなく、準備計算の段階で必ず求めておくものです。

　こうした CM_0Q_0 は、多くの参考書ではりの応力計算の公式としてまとめ

られているのでここでは割愛しますが、次のような基本的なものは最大たわみと合わせて覚えておくとよいと思います。手計算で断面検討をするぐらいであればこの2種類ぐらいで十分です。

覚えておくとよい公式

荷重状態	固定端 C	単純支持の M_0	反力 R	単純支持の最大たわみ δ_{max}
(集中荷重 P, スパン $l/2 + l/2$)	$-\dfrac{Pl}{8}$	$\dfrac{Pl}{4}$	$\dfrac{P}{2}$	$\dfrac{Pl^3}{48EI}$
(等分布荷重 w, スパン l)	$-\dfrac{wl^2}{12}$	$\dfrac{wl^2}{8}$	$\dfrac{wl}{2}$	$\dfrac{5wl^4}{384EI}$

荷重状態	固定端 M	—	反力 R	先端の最大たわみ δ_{max}
(片持ちばり 集中荷重 P)	$-Pl$	—	P	$\dfrac{Pl^3}{3EI}$
(片持ちばり 等分布荷重 w)	$-\dfrac{wl^2}{2}$	—	wl	$\dfrac{wl^4}{8EI}$

次の計算は、全荷重100kN（等分布荷重に換算して10 kN/m²）が作用するスパン10mのはりの応力を集中荷重タイプ、亀の甲タイプ別に比較したものですが、応力の差が断面に影響を与えるオーダーではなく、よほどスパンが大きく長期荷重が支配的な場合を除き、この程度なら等分布荷重で計算しておけば十分だということがわかります。

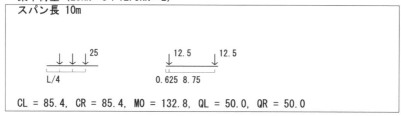

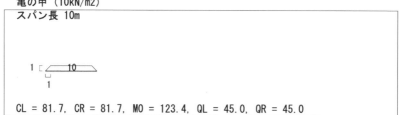

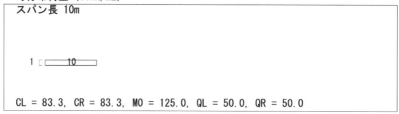

多点集中荷重、等分布、亀の甲の応力比較［単位：kNm、kN］
（RC＋Sチャート7　R3.0　の出力結果）

7 境界条件を想像する

　構造計算は境界条件をよく見極めるところから始まると言っても過言ではありません。いかに実際のモノを思い浮かべて設計するか、これに尽きると思います。次図のようなスパンや直交する大ばり断面の異なる3本の小ばりを例にとり、考えてみることにしましょう。

　次の①から③のケースに対して、次の三つの境界条件に応じた曲げ応力の算定式を用意しました。みなさんなら次のどれを使って曲げモーメント

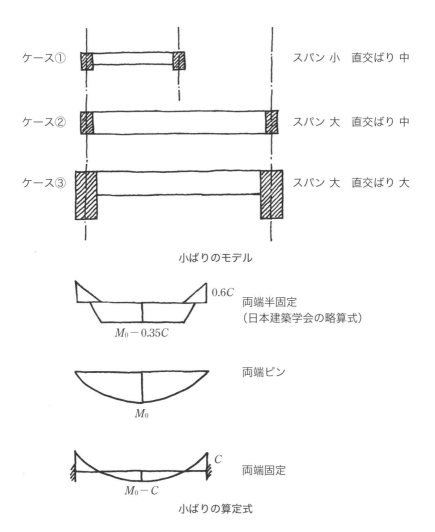

小ばりのモデル

小ばりの算定式

分布を求めますか。

　ある人は、日本建築学会の略算式を使うでしょう。また、ある人はすべて単純ばりとして設計するかもしれません。どれが正しいかは一概に言えませんが、ここで考えてほしいのは小ばり端部の固定度が3ケースとも異なっているということです。

　ケース①に比べるとケース②のほうが、直交大ばりがよりねじられるた

め、小ばり両端部の固定度が下がって単純ばりの応力状態に近づくのがイメージできると思います。また、ケース②と③を比べると、スパンは同じでも直交大ばり断面が大きいため、両端固定に近い応力状態になります。したがって、ケース①、②、③はそれぞれ方法 A、B、C で応力を求めるのが実情に近い方法になります。

　ここで強調しておきたいのは、機械的に応力を求めて配筋を決めるのではなく、こうした実際の境界条件を頭にイメージしながら応力算定式を使い分けたり、あるいは同じ式で応力を求めても配筋で応力状態を補正するようなきめ細かさが必要だということです。計算と設計の違いはそこにあると思います。

8 応力をどこまでも追いかける

　地震や風などの外力は、建物上部から下部の基礎に流す必要があるという話を冒頭でしました。少し具体的にその道筋の話をしたいと思います。

　地震が起きた時、建物に作用するのは慣性力です。すなわち、各階の床面が加速度の大きさに比例した水平力となって作用します。その水平力は床スラブの面内せん断力となって、それを支持する各柱や耐震壁（ブレース）などの鉛直部材に伝達され、せん断力として下階の床面へと流れます。

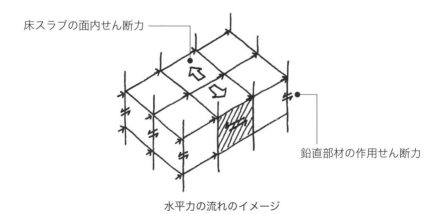

水平力の流れのイメージ

その際、各部材には変形することによって生じる曲げモーメントやせん断力などが作用します。これらは断面検定をするので問題ないのですが、意外に見落としがちなのは床スラブを流れる面内せん断力です。

　下図のような細長い平面形状をした建物の妻面に耐震壁が存在する場合、剛床を仮定して応力解析をすると耐震壁が100%近く水平力を負担することがあります。その場合、各通の作用水平力をPとすると、各耐震壁の負担するせん断力は$4P$になりますが、実際に床スラブがそれだけ伝達できるかどうかをチェックすることが必要です。

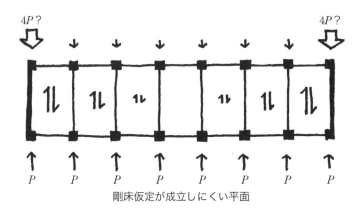

剛床仮定が成立しにくい平面

　それは、許容応力度設計においてもそうですが、保有水平耐力計算においても期待する耐震壁のせん断耐力を保証しないと、保有水平耐力を過大評価することになります。RC造の床スラブであれば、許容応力度設計時で短期許容応力度以下、保有水平耐力計算においては$0.1 \times F_c$以下になるよう、スラブ厚を増すなどの配慮が必要になります。

　では台風がやってきた場合はどうでしょうか。外壁に風圧力が作用しますが、その外力は次頁の図のように①外装材→②支持部材→③床スラブ→④主要構造部材→⑤基礎へと伝達されていきます。床スラブに作用する面内せん断力に対してチェックする必要性は、さきほどの地震の場合と同様です。

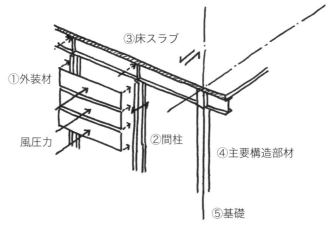

風荷重が作用する場合の力の流れ

　しかし、工場や倉庫のように折版屋根を有する場合、間柱からの反力を周辺の柱へと伝達させるルートを考えてやる必要があります。下図のように、屋根の小ばり配置を計画する場合は間柱と小ばりの位置を揃えてやることがポイントです。間柱と小ばりの位置がずれると、反力を両隣の小ばりまで伝える際に大ばりの弱軸方向の曲げモーメントが作用します。どちらが合理的かは明らかですが、そうやって丹念に外力の流れる経路をチェックしていくことを習慣づけるようにして下さい。

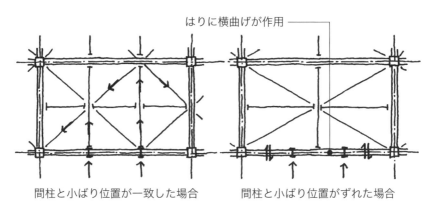

屋根の小ばり配置例

第 2 節 | 手計算で RC 造を理解する

1 そもそも RC 造って？

建築材料には鉄骨、鉄筋やコンクリート、木、アルミなどいろいろあります。中でも鉄筋とコンクリートという異種の材料を組み合わせた鉄筋コンクリート造（以下、RC 造）は鉄骨造（以下、S 造）とならんで頻繁に採用される構造種別です。

躯体コストは、需要と供給の関係で決まるので、その時々の社会情勢によって RC 造が安くなったり、S 造が安くなったりします。建築業界では、3K（きつい、きたない、きけん）職と言われ、若い人たちが職人になることを敬遠し「職人の高齢化」がこれまでも問題視されてきました。そして、職人の確保が難しい場合は、部材をプレキャスト化して対応する現場も見られるようになりました。

さて、ここでは後述する手計算をするための RC 造についての基本的な知識について説明します。

RC 造は、S 造と比較して剛性が高く、耐火性や遮音性、対振動性にすぐれるほか、型枠さえ組めばどのような形態でもつくることができるのが特徴です。一方、短所としては、自重が大きく、ひび割れという特有の現象があります。また、耐用年限が過ぎるなどして解体撤去する際、大量の産業廃棄物が新たに発生する、という地球環境面での問題を抱えています。

この構造は、引張に強く圧縮に弱い鉄筋と、引張には弱いが圧縮に強いコンクリートを組み合わせ、双方の長所短所を補完しあって成立しています。さらに、どちらも線膨張係数が 1×10^{-5} (1/℃) とほぼ同じで、温度変化による伸縮差が生じないため一体性を保つことができ、相性がよいというところがポイントです。

さきほど、補完しあう材料と説明しましたが、材料を最も有効に使うには、引張が作用する部位には鉄筋を配筋し、コンクリートには圧縮だけ効かせるとよいことが理解できると思います。これが RC 造の基本だと理解

しておいてください。

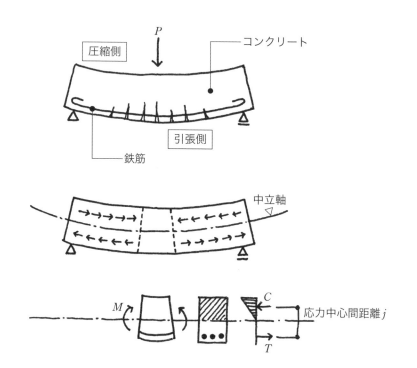

　上の図で、外力を少しずつ作用させていくと、引張側は鉄筋とコンクリートが抵抗しますが、すぐにコンクリートがその応力に耐えきれなくなり、コンクリートに曲げひび割れが生じ始めます。その時、中立軸が圧縮側に移動し、コンクリートが負担しなくなった引張力も鉄筋が代わって負担するようになります。

　そして、曲げモーメント M に対して、コンクリートの圧縮合力 C と鉄筋の引張合力 T が互いに偶力（力の大きさが等しく向きが正反対）の関係となって

$$M_a = C \times j = T \times j$$

という抵抗モーメントが生じ、曲げモーメントとつりあうようになります。

2 つりあい鉄筋比のもつ意味

　曲げモーメントが作用するはりについて、引張側に配筋した鉄筋を引張鉄筋と呼び、この引張鉄筋の断面積の合計をはりの有効断面積で割った値を百分率で表したものを引張鉄筋比と呼びます。

　引張鉄筋比 p_t は次式で表されます。

$$p_t = \frac{a_t}{b \times d} \times 100 \ [\text{m}]$$

　　　ここで、a_t：鉄筋の断面積
　　　　　　　b　：はり幅
　　　　　　　d　：はりの有効せい

　さらに、この引張鉄筋と圧縮側のコンクリートが同時に許容応力度に達する時の引張鉄筋比をつりあい鉄筋比と呼びます。断面効率を考えると、つりあい鉄筋比あたりで断面設計するのが理想的と言えます。引張鉄筋比がつりあい鉄筋比以下の範囲では、鉄筋が必ず先に許容応力度に達します。その時の許容曲げモーメントと引張鉄筋比は比例関係にあり、次式で表すことができます。

$$M_a = a_t \times f_t \times j = a_t \times f_t \times \frac{7}{8} \times d$$

　　　ここで、a_t：鉄筋の断面積
　　　　　　　f_t　：鉄筋の引張許容応力度
　　　　　　　d　：はりの有効せい

　ところが、引張鉄筋比がつりあい鉄筋比を超えると、圧縮縁のコンクリートが先に許容応力度に達し、急激な耐力低下につながる原因となります。そこで、圧縮側にも鉄筋を入れて、この圧縮鉄筋とコンクリートの合力で抵抗させます。許容曲げモーメントは圧縮鉄筋と引張鉄筋の断面積比、すなわち複筋比 γ（$= a_c/a_t$）によっても多少変わりますが、つりあい鉄筋比以下の場合と異なりさほど増えません。その概念図を示したものが次の図です。

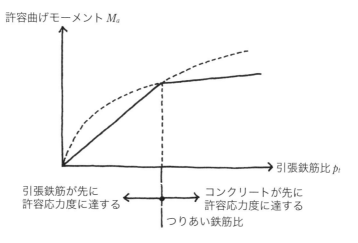

　このつりあい鉄筋比は、コンクリート強度や、長期・短期の違いによっても変わります。はりの引張鉄筋比がつりあい鉄筋比を超えると、$M_a = a_t \times f_t \times j$の式が使えません。その場合、手計算であれば便利図表（参考文献2）など）を使って鉄筋断面積を求めることができますが、引張鉄筋を増やすだけでなく圧縮鉄筋を増やしたり、コンクリート強度を上げてつりあい鉄筋比を大きくすることも断面設計では有効な方法です。それでも鉄筋本数が多く、鉄筋が2段に並びきらない場合は、はりの断面が小さすぎるので、はりのせいや幅を見直してみてください。

③ ひび割れを読む

　RC造につきもののひび割れ。既存建物をよく観察すると、あちらこちらにひび割れが目につきます。このひび割れの形でどういう応力が作用しているかがわかります。時には、危険な兆候を知る手がかりともなります。ただ、どのひび割れもコンクリートが引張力を受けて口を開けるのです。それさえ知っておけば十分です。
　たとえば、壁がそうです。壁が水平力を受けると平行四辺形にせん断変形します。そうすると、対角線方向に引張力が作用し、コンクリートが抵

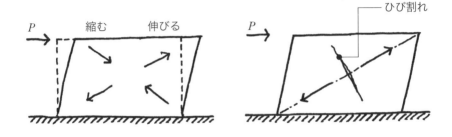

抗しきれずに、これと直交する方向にひび割れができるのです。

　柱も同様です。左方向から地震力を受けると、斜め右下がりにひび割れが生じ、右方向から地震力を受けると今度は斜め左下がりにひび割れが生じます。地震時は、正負交互に外力を受けるので、結果として柱に左右対称にX形のひび割れが入るのです。地震被害の写真等でよく目にするひび割れパターンです。

4 概略断面を手計算で求めよう(1) 地震力

　建築物の設計は、一般に基本計画、基本設計、実施設計という流れで進み、それぞれ数ヶ月、大規模なものだと1年以上かかることもあります。基本設計（計画）では、構造種別（RC造、S造、SRC造など）、部材の仮定断面や基礎形式（直接基礎、杭基礎など）を選択するための検討を行い、場合によってはこれらの比較表を建築主に提出し説明することもあります。

　一般的には、与えられた時間と精度によっておおよそ次のような方法で部材断面を求めます。

検討方法の選択肢

段階	時間	方法
1	少	勘と経験で決める
2	↓	類似建物の設計図書を参考に決める
3	↓	手計算による略算で決める
4	↓	コンピュータで1フレームを応力解析して決める
5	多	一貫構造計算プログラム等により精算する

いつも勘と経験で出せるのが理想ですが、不整形な建物やこれまで経験したことのない特殊条件（荷重が極端に大きい、スパンが大きいなど）が加わると、やはり手計算やコンピュータの助けを借りることになります。ここでは、あるRC造建物を例にとり、3の手計算により概略断面を出してみることにしましょう。

　モデル建物は、6.0m × 7.5m を標準スパンとする6階建て、RC造の寮で、X方向を純ラーメン架構、Y方向を耐震壁付きラーメン架構としています。使用材料については、ごく一般的なものとしてコンクリート F_c 24、鉄筋をSD345（D19以上）、SD295A（D16以下）とします。

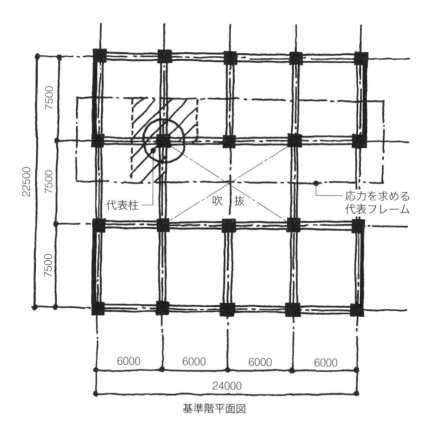

基準階平面図

　仮定断面は、次のような手順で求めます。

①各階の地震力算定用の層重量を仮定する。
②柱はりの断面を想定する
③鉛直荷重時応力を求める
④地震時の柱の作用せん断力を求める
⑤キの字モデルで地震時応力を求める
⑥③と⑤で求めた応力に対して断面検定を行う

まず、地震力算定用の建物の層重量ですが、壁仕様が決まっていないので、ここでは安全側に15kN/m²と設定します。そして、純ラーメンのX方向について代表フレームを取り出し、当該フレームの負担床面積と代表柱の軸力算定用の負担床面積を求めます。

これらから代表フレームあたりの各階重量が求まり、次表のように各階の地震力を算定することができます。A_i分布による地震力の算出式については、『2015年版 建築物の構造関係技術基準解説書』の296〜308頁等を参照してください。

代表フレームの層せん断力

階	W_i [kN]	A_i	C_i	Q_i [kN]	P_i [kN]
R	2025	1.90	0.38	770	770
6	2025	1.55	0.31	1257	487
5	2025	1.36	0.27	1654	396
4	2025	1.22	0.24	1977	323
3	2025	1.10	0.22	2235	258
2	2025	1.00	0.20	2430	195
1	2700				

外柱と中柱のせん断力の負担率（水平剛性の比率）をおおよそ0.7：1.0とすると、代表柱1本に作用する地震時せん断力は、上表のQ_iに

$$\frac{代表柱（中柱）の負担率}{代表フレーム全体の負担率} = \frac{1.0}{0.7+1.0+1.0+1.0+0.7} = 0.23倍$$

したものになるので、設計用応力は次図のように求められます。この時、

基準階の柱の反曲点高さ比を 0.5、最下階で 0.6、最上階で 0.4 と仮定します。

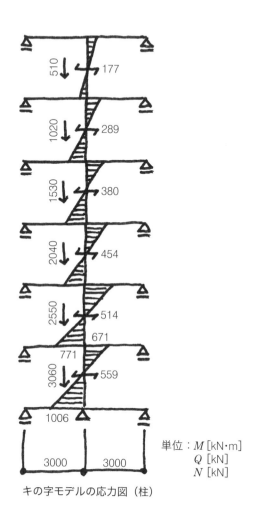

キの字モデルの応力図（柱）

5 概略断面を手計算で求めよう(2) はり

前項では地震時応力を算定しましたが、続いて大ばりの鉛直荷重時応力を求めます。鉛直荷重時応力については、はりの CM_0Q を求め、はり端部の応力を C とみなせばよいでしょう。通常、はり端部の地震時応力で部材

断面が決まるので、大スパン架構でない限り、中央断面位置での応力を求めたり、鉛直荷重時応力を精度よく求める必要はありません。

また、設計用床荷重もとりあえず10kN/m²として、負担幅分の等分布荷重で見込んでおけばよいでしょう。そうすると、

$$M_L = C = \frac{1}{12} \times 10 \times 3.75 \times 6.0^2 = 112\text{kNm}$$

$$Q = \frac{1}{2} \times 10 \times 3.75 \times 6.0 = 112\text{kN}$$

と求まります。

概略検討では全部材を断面検定する必要はなく、2階とR階の大ばりの断面寸法がわかれば、あとはバランスを見ながら50mm刻みで調整していくだけです。たとえば2階の大ばりの場合、上下階の柱の曲げモーメントの和を左右のはりに分割するので、

$$M_E = \frac{771 + 671}{2} = 721\text{kNm}$$

$$M_S = M_L + M_E = 112 + 721 = 833 \text{ kNm}$$

$$Q_E = \frac{2 \times 721}{6.0} = 240\text{kN}$$

$$Q_S = Q_L + 2 \times Q_E = 112 + 2 \times 240 = 592 \text{ kN}$$

$B \times D = 500 \text{ mm} \times 800 \text{ mm}$ とすると、$d = 730 \text{ mm}$、$j = \frac{7}{8} \times d = 638\text{mm}$

次頁に示す断面算定図表（参考文献2))をもとに必要な主筋断面積を求めると、

$$C = \frac{833000000}{500 \times 730 \times 730} = 3.1\text{N/mm}^2$$

したがって、$p_t = 1.03\%$ より、$a_t = 3759 \text{ mm}^2$（8-D25、SD345）となります。また、せん断力に対しては学会規準式から

$$Q_{AS} = 686 \text{ kN} > 592 \text{ kN} \quad \text{OK}$$

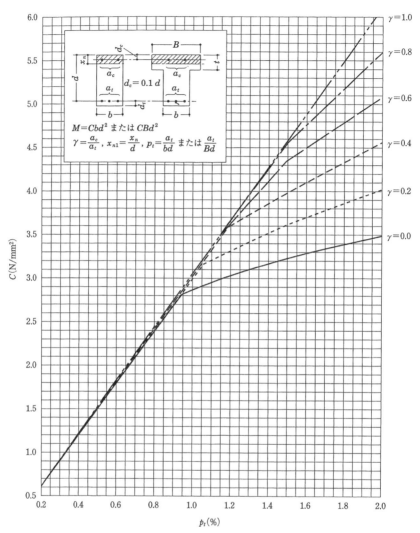

解説図 13.4 長方形梁の短期許容曲げモーメント
($F_c = 24\text{N/mm}^2$, SD 345, $d_c = 0.1d$, $n = 15$)

はりの断面算定図表（日本建築学会）
(出典：『鉄筋コンクリート構造計算規準・同解説』日本建築学会、2010 年 2 月、p.126)

概略断面を求めるなら最大応力に対して検討すればよく、無理なく配筋できるようであればそれを概略断面として設定します。

6 概略断面を手計算で求めよう(3) 柱

はりに続いて柱の断面算定例を示します。柱はり接合部で柱断面が決まることもありますが、ここでは柱の断面算定の仕方について解説します。柱断面は、ほぼ均等な架構であれば最下階の中柱を1箇所チェックするだけで見当がつきます。中柱の場合、鉛直荷重時の曲げモーメント（せん断力）や地震時の軸力変動が外柱と異なりほとんど生じないことから、それらを無視すると、1階柱の設計用応力は次のようになります。

$N_S = N_L \pm N_e = 3060 \pm 0 = 3060$ kN

$M_S = M_L \pm M_e = 0 \pm 1006 = \pm 1006$ kNm

$Q_S = Q_L \pm 2 \times Q_e = 0 + 2 \times 559 = 1118$ kN

$D_x \times D_y = 800$ mm $\times 800$ mm とすると、

$$\frac{N}{B \times D} = \frac{3060000}{800 \times 800} = 4.7$$

$$\frac{M}{B \times D \times D} = \frac{1006000000}{800 \times 800 \times 800} = 2.0$$

次頁に示す柱の断面算定図表（参考文献3））より

$p_t = 0.4\%$ より、$a_t = 2560$mm^2（6 - D25、SD345）

また、せん断力に対しては、学会規準式から

$Q_{AS} = 1156$ kN > 1118 kN　OK

このように、応力さえ求めればあとは簡単に断面算定を行うことができます。ただし、側柱のように軸力変動が大きい箇所がある場合は、別途確認をしておいたほうがよいでしょう。実際には柱はり接合部で断面が決まってしまうことが多いのですが、こうした手計算を積み重ねることにより、しだいに応力と断面の関係がイメージされてくるので、面倒だと思わずに続けることをおすすめします。

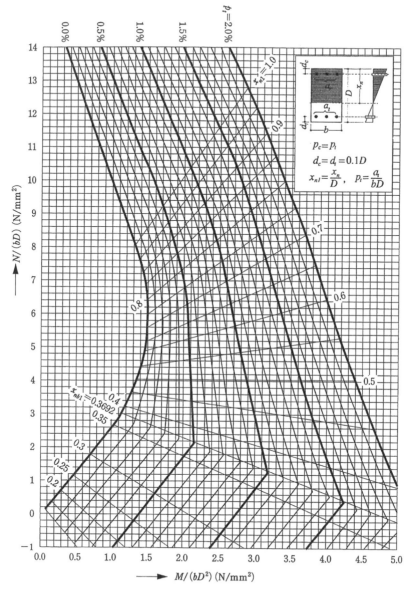

解説図 14.4 柱の短期許容曲げモーメント－軸方向力関係
(F_c 24, SD 345 ; f_c = 16N/mm², f_t = 345N/mm², n = 15)
柱の断面算定図表（日本建築学会）
(出典：『鉄筋コンクリート構造計算規準・同解説』日本建築学会、2010 年 2 月、p.140)

7 概略断面を手計算で求めよう(4) 床スラブ

　通常、床スラブ(床版)は150mmが標準的な厚さで鉄筋量もほぼ決まっているので、概算を出す場合に配筋まで要求されることはありません。ここでは床スラブの設計をするうえで知っておくと役に立つことを紹介します。

　RC造スラブの設計は通常、日本建築学会の『鉄筋コンクリート構造計算規準・同解説』によります。スラブの応力算定式では有効スパン、すなわち支持部材間の内法寸法をとりますが、RC造の場合ははりが柱芯にいるとは限らず、また支持部材のはり幅も最後まで確定しないことが多いので、内法寸法をとらず支持部材芯間の寸法をとったほうが無難です。

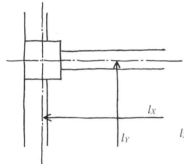

l_X, l_Y：はりの寄りにかかわらず支持部材芯（または通芯）間寸法をとることが望ましい

　床スラブの配筋は柱・はりとは異なり、配筋パターンがだいたい決まっているので、応力を求めたらあとは決まった配筋パターンを選んでいくだけになります。むしろ、スラブごとに配筋を変えてしまうと、現場でまちがえるリスクが大きくなるので避けるべきです。筆者が標準的に使っている床版リストは次表のように3種類しかありません。たった3種類だけでも90％以上まかなえると思います。極端に応力が大きなスラブや正方形のスラブなど、これらの配筋パターンからはずれるものは、新しく床版符号を設けて配筋やスラブ厚を定義して対応すればよいので、みなさんも自分なりの標準リストをもつようにするとよいでしょう。

　スラブの応力は四周の境界条件や長辺・短辺の有効スパンで決まります

床版リストの一例

符号	版厚 [mm]	層	短辺方向	長辺方向	備考
S1	150	上	D10・D13 @ 200	D10 @ 200	モチアミ配筋
		下	D10 @ 200	D10 @ 200	
S2	150	上	D13 @ 200	D10・D13 @ 200	モチアミ配筋
		下	D10・D13 @ 200	D10 @ 200	
S3	150	上	D13 @ 200	D13 @ 200	モチアミ配筋
		下	D13 @ 200	D13 @ 200	
		上			
		下			
		上			
		下			

が、次頁に示すような応力とたわみを求める便利図表（参考文献4））を利用することで簡単に応力を求めることができます。こうした2次部材の断面算定に特化した計算プログラムはすでに市販されていますが、これに頼りきると辺長比（l_y/l_x）が2を超えるとスラブは一方向版の応力状態になり、各部の応力がほぼ一定になるということまでわかりません。たまにはこうしたアナログ的な方法で検討する価値はあると思います。

また、床スラブの設計では難しいことは何もなく、基本的には、はりの断面算定の考え方と変わりません。幅1000mm、厚さ150mmの矩形断面をもったはりと考えればよく、一般には前節で述べたつりあい鉄筋比以下になるので、曲げモーメント M に対して必要な引張鉄筋断面積 a_t は

$$a_t = \frac{M}{f_t \times j} = \frac{M}{f_t \times \frac{7}{8} \times d}$$

ここで、a_t：鉄筋の断面積

　　　　f_t：鉄筋の引張許容応力度

　　　　d：はりの有効せい

により算出することができます。

一般的には、べた基礎などの耐圧版を除き、断面（スラブ厚さ）がせん断力で決まることはありません。

$\begin{pmatrix} E : コンクリートのヤング係数 \\ t : スラブ厚 \end{pmatrix}$

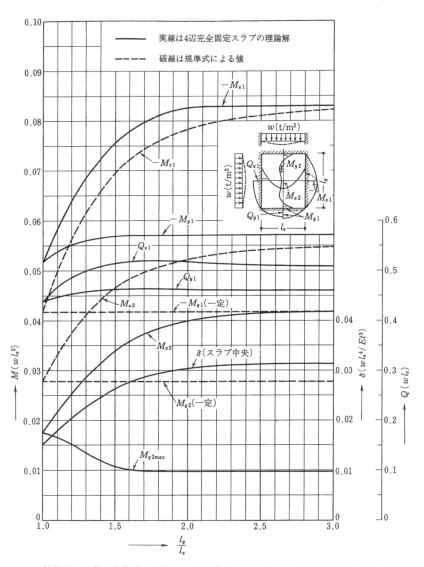

付図10.1　等分布荷重時4辺固定スラブの応力図と中央点のたわみ δ （$\nu=0$）

4辺固定スラブの図表（日本建築学会）

(出典：『鉄筋コンクリート構造計算規準・同解説』日本建築学会、1999年3月、p.475)

第3節｜荷重・外力

1 風のはなし（1）風荷重が建物高さだけで求められた？

平成12年の建築基準法改正までは、風荷重算定式は、次式のように建物高さの関数として規定され、高ささえわかれば建物に作用する速度圧が簡単に求められました。

$$q = 60\sqrt{h} \quad (h \leqq 16\text{m})$$
$$q = 120\sqrt[4]{h} \quad (h > 16\text{m})$$

参考文献5)にはこれらの式の誘導が解説されており、要約すると次のようになります。

風は地表面から上空にいくにつれて、その速度を増します。これは、主として地形、地物による摩擦による影響によるものです。わが国では、設計用風荷重の垂直分布を表す慣用値として、指数式が用いられてきました。指数 n は、既往の研究により異なりますが、おおむね2～5の値をとります。すなわち、

$$\text{各指数分布式} \quad V = V_0 \left(\frac{h}{h_0}\right)^{\frac{1}{n}} \quad n = 2 \sim 5$$

においてその中間値をとり、さらに四捨五入して $n = 4$ とすると、次式となります。

$$V = V_0 \sqrt[4]{\frac{h}{h_0}}$$

ところで、空気密度は台風最盛期を考慮して、表日本の主要都市における9月の平均気温を $T = 23℃$、瞬間最大風速40m/s程度の暴風時の気圧を $H = 720\text{mmHg}$ とすると、

$$p = 1.293 \times \frac{273}{273 + 23} \times \frac{720}{760} \times \frac{1}{9.8} = 0.115\text{kg}\cdot\text{sec}^2/\text{m}^4$$

また、室戸岬の測候所の風速計設置高さを15mとみなし、1934年の室戸台風時における瞬間最大風速63m/sを考慮すると、構造物に作用する風速

として瞬間風速を対象とする建前から、

$$q = \frac{1}{2}\rho V^2 = \frac{1}{2} \times 0.115 \times 63^2 \times \sqrt{\frac{h}{15}} \fallingdotseq 58.9\sqrt{h} \quad \rightarrow \quad 60\sqrt{h}$$

ちなみに、この式は当時、高さ30m程度のものについて考えられていましたが、高層建築物へ適用すると速度圧が著しく増大するため、速度圧式として $q = 120\sqrt[4]{h}$ を用いることとされました。

ここでは、最も多く各国の設計用速度圧分布式として用いられている1/7乗則を近似して1/8乗則が採用されており、次式のように表されます。

$$V = V_0 \sqrt[8]{\frac{h}{h_0}}$$

以上より、この式とさきほどの室戸岬での値から、

$$q = \frac{1}{2}\rho V^2 = \frac{1}{2} \times 0.125 \times 63^2 \times \sqrt[4]{\frac{h}{15}} \fallingdotseq 126\sqrt[4]{h} \quad \rightarrow \quad 120\sqrt[4]{h}$$

が導かれます。

② 風のはなし（2）使える旧風荷重算定式

　前述のように、旧風荷重算定式は建物高さの関数で表されていたため、ちょっと電卓をたたくだけで速度圧が簡単に求められました。どうして建物高さだけで速度圧が求められるのか、といった疑問は前項の式の誘導で解決されたと思います。求めたい事象の大きさを簡便に精度よく求めるという意味では、工学式として理想的なものであり、これ以上シンプルな式はありません。

　ところが、コンピュータの普及とともに、さまざまな荷重や耐力を合理的に評価できるようになり、計算式もプログラム化を前提とするような複雑なものが多くなりました。式を一目見ただけで工学的な意味が理解できるものが少なくなり、どの因子がどの程度荷重や耐力に寄与しているかを把握しづらくなったのは、構造設計者として残念に思います。

　現行の風荷重算定式は、日本建築学会の『建築物荷重指針・同解説』の

基本的な考え方が採用されていて、旧風荷重算定式が瞬間最大風速を基準としているのに対して、10分間平均風速を基準に考えられています。また、それまで全国一律に定められていた速度圧を各地の観測データに基づいて評価された風速を使って求めるほか、地表面の状態に応じた平均風速の高さ方向分布を定めるなど、それまでの研究成果を盛り込んだ合理的な評価式となっています。そういう意味で画期的な風荷重算定式であるものの、部材の仮定断面を求めるために風荷重を求める場合はなかなか不便です。そんな時に、旧風荷重算定式が役に立つのです。

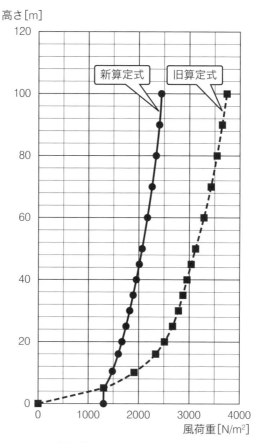

新旧算定式による風荷重比較

次の図は、地表面粗度区分Ⅲ、基準風速 32m/s の地点に建つ、平面の大きさが 35m × 35m、高さ 100m の建築物について、新旧の算定式による高さ方向の速度圧を比較したものです。

　沖縄県など台風常襲地域は別として、一般には旧風荷重算定式による速度圧のほうが現行の風荷重算定式で求めるよりも大きな値をとるので、その荷重でとりあえず概略検討しておけば問題ありません。精度をもう少し求めたいなら、両者の比率（70 ～ 80％程度）を頭に入れておいて、旧風荷重値を補正すれば十分概略検討に使えるので、旧風荷重算定式を活用されるとよいと思います。

3 亀の甲って何だ？

　建築の世界では、専門用語の中によく動物の名前が出てきます。「犬走り」とか「キャットウォーク」「ネコ（アングル）」「ネコ（車）」「ウマ」「鴨居」「蝶番」「モンキーレンチ」「トラ綱」など、ほかにも探せばまだ出てくると思います。この「亀の甲」もその一つです。

　『鉄筋コンクリート構造計算規準・同解説』（2010 年版）の第 3 章 9 条に記載されているように、2 方向スラブからはりに作用する鉛直荷重は、下

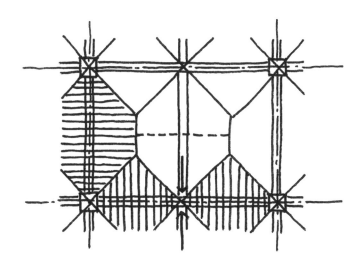

図のように台形または三角形部分の荷重をそれぞれ受けるものとみなすことができます。この分割の仕方を一般に「亀の甲」と呼んでいます。

　これは、参考文献6)が根拠となっており、相当よい近似が得られると記述されています。ただ、床スラブからはりに作用する鉛直荷重を求める際には、その床スラブの伝達方向が1方向か2方向かを理解しておく必要があります。下図のようなデッキプレート、中空スラブ、リブ付のハーフPC版のような場合は、荷重の伝達方向が1方向になるので、「亀の甲」は適用できません。

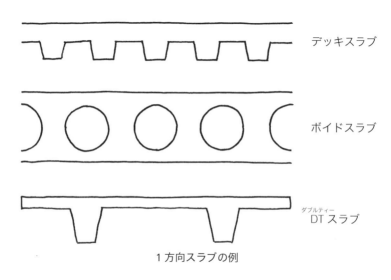

1方向スラブの例

4 雪のはなし

　何十年ぶりかの大雪に見舞われて体育館の屋根が落ちたという話は、時々ニュースになります。多雪地域ではそれなりの積雪量を見込んで設計しているため、そんな話はめったに聞きませんが、ふだんほとんど雪が降らない地域のほうがかえって危ないと言えます。

　以前、多雪地域では雪が屋根に降り積もるにつれて、障子やふすまの開閉がしにくくなることで雪下ろしのタイミングを判断していたそうです。生活の知恵というのでしょうか。

さて、荷重の話題に戻したいと思います。想定外の雪に対して屋根が落ちているのは、たいてい折版などの金属葺きの屋根です。鉄筋コンクリート屋根が崩壊したという話は聞きません。どうしてでしょうか。

それは、想定外の雪荷重に対して、荷重変動の比率が大きく異なるからです。たとえば、設計用雪荷重 1200N/m^2（積雪 60cm）に対して 2 倍の積雪（2400N/m^2）になったと仮定します。RC 造屋根、折版屋根の固定荷重をそれぞれ 4000N/m^2、200N/m^2、積載荷重をゼロとすると、想定外の積雪時の荷重増大率は RC 造屋根、折版屋根に対して 1.23 倍（＝ 6400/5200）、1.86 倍（＝ 2600/1400）となります。とくに軽い屋根の場合は、風荷重で部材が決まることもありますが、そうした部材の余裕度を考えても、どちらの屋根が想定外の積雪に対して落下しやすいかは明らかです。

軽いものほど、つまり固定荷重の小さなものほど荷重変動に敏感になるので、大雪で体育館の屋根が落ちたという話はこれで合点がいくと思います。

もともと法で定められた積雪荷重で設計していれば、想定外の大雪で屋根が落ちても法的な責任を問われることはありません。たとえば想定外の雪荷重を考慮して設計することも可能ですが、どこまで雪荷重を見込むかはキリのない話で、仕上げ材も含めるとコストが高くつきます。

では、どうすれば想定外の大雪に対して構造躯体の崩壊、損傷を防ぐことができるでしょうか。それは簡単なことです。つまり、構造躯体より先に折版などの仕上げ材が壊れるようにすればよいのです。積雪荷重に対する余裕度の設定を変えることによって、想定外の大雪から構造躯体を守ることができます。何百年に一度の大雪に対しては、躯体の改修費用を考えると、雪とともに落ちた折版を片付けて張り替えるぐらいは許容されるように思います。

また、次にお話する津波に対しても、積雪荷重と同様の考え方ができ、構造躯体を守るためにむしろ外装材が津波とともに確実に流されるように設計したほうが合理的だとも言えるでしょう。

ちなみに風荷重の場合は、台風時に外壁の一部や窓ガラスが割れると、そこから一気に室内に風が吹き込み、内外圧の差で屋根全体が飛ばされるため、そううまくはいきません。

5 津波のはなし

東日本大震災では、大津波により多くの人の命が失われ、太平洋沿岸部の壊滅的な被害とともにライフラインが寸断されました。津波は、単なる海水表面の振動である波浪とは異なり、海水全体がかたまりとなって動く現象なので、破壊力がけた違いに大きくなります。

通常、津波の速度（時速）は次式により表すことができます。

$$V = 3.6 \times \sqrt{g \times h} \quad [\text{km/h}]$$

ここで、g：重力加速度（= 9.8m/s²）

h：海の深さ（m）

津波は、はるか沖合いではジェット機なみの速度で移動しますが、海岸近くになればなるほど減速するため、後から来る津波が前の津波に次々と

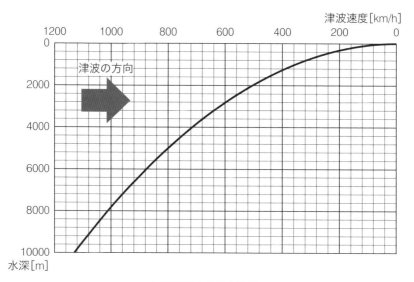

津波速度と水深の関係

追いつきます。その結果、津波が大渋滞を起こし波高が高くなるのです。しかし、速度が遅くなるとはいえ、浅瀬10mの深さでも36km/hですから、津波に気づいてから走って逃げても、逃げきれるものではありません。

　また、海水がひとかたまりとなって建築物などを襲うわけですから、その波圧も相当なものになります。進行方向の津波波圧q_zは次の式により算定することができます。

$$q_z = \rho \times g\,(a \times h - z)$$

ここで、ρ　：水の単位体積重量（t/m³）
　　　　g　：重力加速度（m/s²）
　　　　h　：設計用浸水深（m）
　　　　z　：当該部分の地盤面からの高さ（$0 \leqq z \leqq ah$）（m）
　　　　a　：水深係数（＝3、ただし書きにより1.5まで低減可）

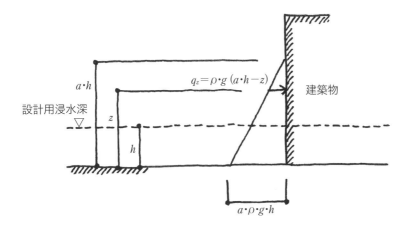

　このように、津波波圧は外力のオーダーとして、静水圧の3倍というふうに理解しておけばよいと思います。また、津波とともに押し寄せる船舶、コンテナ、自動車などの漂流物の衝突荷重の評価法についてはまだ確立されていませんが、これら漂流物の衝突によりどこかの柱が損傷しても一気に崩壊につながるようなことを避けるよう、設計で配慮しておく必要はあるでしょう。

第4節 | 構造計算あれこれ

1 一貫構造計算プログラムのはなし

　建築物の構造計算を行う時、その大部分で一貫構造計算プログラムが使われています。コンピュータによる建築構造計算は、昭和30年代から始められていますが、昭和56年の新耐震設計法の導入により必要とする計算量が増大し、そこへパーソナルコンピュータが低廉化したこともあって、一貫構造計算プログラムが一気に普及しました。

　計算に必要なデータを簡単に入力でき、また入力さえすれば答えらしきものが出てしまうため、モデル化の妥当性に加え、構造計算の要となる計算条件を理解しないまま利用されるという弊害も指摘されてきました。手計算では、荷重、応力、断面算定といったふうに各段階で数値のオーダーを確認することで計算ミスを防ぎ、構造計算の内容を隅々まで熟知してきたわけですが、一貫構造計算プログラムでは、断面検定まで一気に実行されてしまうため、そのチェックがおろそかになりがちです。

　参考文献7)、8) では、手計算で容易に追跡できる単純な標準建物モデルを4タイプ設定し、多数の実用構造計算プログラムによる試行計算を行って計算結果の差異を比較考察しました。

　計算条件の選択肢といっても、1次設計であれば、計算用階高、はりの剛性増大率、ブレースや壁のモデル、部材設計用モーメントの採用位置、基礎ばねの有無、重心・剛心の定義などがありますし、保有水平耐力計算であれば、曲げ・せん断耐力評価式、スラブ筋の扱い、外力分布、解析方法、保有水平耐力の定義など多岐にわたります。

　このように、一貫構造計算プログラムのアルゴリズムや入力に当たっての選択肢が多数存在する以上、その計算結果に大きな相違が生じるのは避けられません。計算作業そのものはコンピュータにまかせることはできても、考えることまで任せることはできません。それは構造設計者がやるべきことであり、これら選択肢がもつ意味と定量的把握はぜひやっておくべ

きでしょう。

　ところで、一貫構造計算プログラムはそのほとんどがX、Y、Z軸の格子線で節点を定義するタイプのものです。直交するラーメン架構のようなものであれば問題ないのですが、中には円形だとかスロープなどのように直交座標系で扱いにくいものまで無理やり節点移動などを駆使してモデル化しようとする例も見受けられます。一見、構造フレームのモデルはそれらしく組めていても、応力解析の結果が正しいとは限りません。

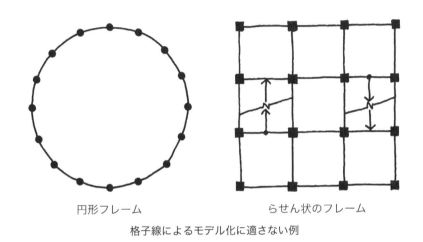

円形フレーム　　　　　らせん状のフレーム

格子線によるモデル化に適さない例

　便利なツールだからそれを使いたいという気持ちも理解できなくはないのですが、汎用性のある立体解析プログラムを用いるのが自然なやり方です。何でもかんでも格子線上でものを考える習慣を身につけてしまうと、柔軟な構造計画の立案ができなくなります。その点を十分に意識しておくことが大事です。

2 スラストのはなし

　勾配をもった山形屋根やアーチ屋根は、鉛直荷重が作用すると柱頭部が水平方向に変形しようとします。この力をスラスト力と呼びます。下図の

ように、離れた位置にある台に足をかけたら股裂き状態になるのは容易に想像がつくと思います。そうならないように、ふたつの台の頂部をつないで開かないようにすれば安定します。脚立の開き止めがよい例ですね。これらは、いずれもまったく別の応力状態だということが感覚で理解できると思います。

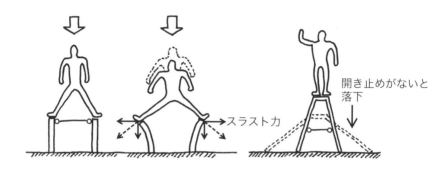

一貫構造計算プログラムを用いた構造計算では、床面の水平変形が無視できるものとして「剛床仮定」のもとに応力解析を行います。建物にねじれが生じなければ、各層における各節点の層間変形は等しくなり、はりにも計算上は軸力が作用しません。

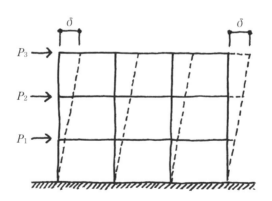

ところが、さきほどのスラスト力が作用するようなフレームに対して剛床を仮定して応力解析を行うと、山形ラーメン架構ではなくタイバー付山

形ラーメン架構モデルの応力を求めていることになります。実際にはスラスト力が作用する分、曲げモーメントが大きくなるのですが、それが過小評価されてしまうほか、傾斜ばりに軸力が作用しなくなるので注意が必要です。

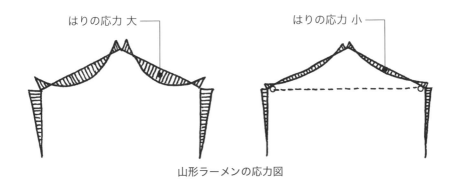

山形ラーメンの応力図

ところで、アーチやケーブルも、このスラストの影響を受ける構造形式です。アーチは主として圧縮力によって鉛直荷重に抵抗し、ケーブルは引張力のみで鉛直荷重に抵抗します。

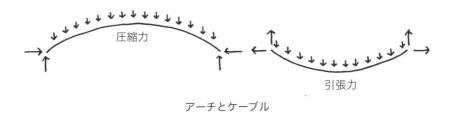

アーチとケーブル

それぞれの支点には大きな反力が作用するうえに、その支点が移動すると応力状態がまったく変わってしまうので、設計ではとくに注意する必要があります。そのため、スラストに抵抗できる大きな基礎を設けたり、プレストレスを導入したタイバーで支点間を結び自己釣合い系によるスラスト処理を行うこともあります。

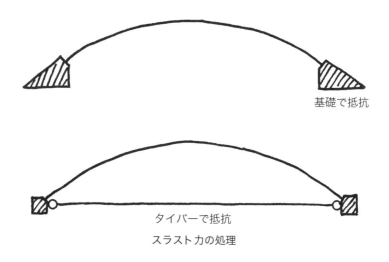

基礎で抵抗

タイバーで抵抗

スラスト力の処理

3 べた基礎のはなし

　ある建物をべた基礎で設計する際、下図のような解析モデルで応力解析することが多いと思います。

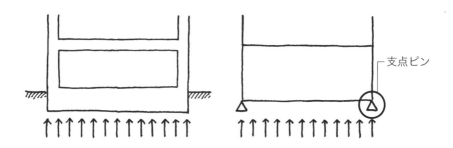

支点ピン

　ところが、基礎ばりのスパンや階数が増すとその地反力による曲げ応力も相当大きくなり、結果としてものすごい断面の基礎ばりになります。なぜ、設計できないような応力になるのでしょうか。それは、支点条件をピンにして鉛直方向の変形を止めているからです。

　ここで、実際の状態をイメージしてみましょう。建物は支持層となる地

盤面に置かれています。その時、建物の全荷重をべた基礎で支えるのですが、地盤の剛性が無限大だとすると、地盤面自体が変形しないわけですから基礎ばりや底版の応力は発生しません。地盤の剛性が低くなってくると、軸力が集中している柱直下の近辺は沈下します。そうすると、底版や基礎ばりに地反力が作用しはじめ、全体で抵抗しようとします。

　実情にあわせた応力解析を行うには、地盤の鉛直バネを仮定し、弾性支承ばりとして解くことも方法の一つです。支点条件をピンにして計算した場合と、弾性支承ばりとして計算した場合について、簡単な計算例で応力を比較してみましょう。

【計算条件】
・スパン：10m（直交方向スパン 6m）はり要素を 20 分割
・基礎ばりの断面：$D \times B = 2000mm \times 2000mm$（$Fc$ 24）
・柱軸力：1500kN/柱
・部材自重は考慮する

Model-A
　両端ピン支持、柱軸力相当分の地反力（50kN/m²）を作用

Model-B
　弾性支承バネ支持、地盤の鉛直バネ： 6000 kN/cm

Model-C
　弾性支承バネ支持、地盤の鉛直バネ： 30000 kN/cm

　応力解析の結果を次頁の図に示します。
　この結果から、応力は地盤の鉛直バネの値に依存し、弾性支承ばりとして解析したほうが、支点をピン支持として解析するより合理的な設計ができます。ただし、地盤の鉛直バネの評価が設計上のポイントになるので、ある程度のばらつきを考えて幅をもたせておくといった配慮が必要です。

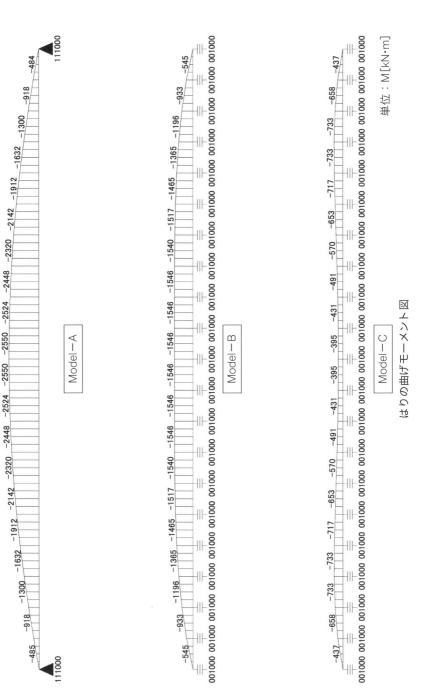

はりの曲げモーメント図

4 耐震診断の基本的な考え方

　1981年（昭和56年）5月着工以前のいわゆる「旧耐震建物」の耐震化が推進される契機になったのは、1995年1月17日に発生した阪神・淡路大震災です。そして、同年10月27日付けで「建築物の耐震改修の促進に関する法律（耐震改修促進法）」が公布され、同年12月25日から施行されました。その後、2006年（平成18年）と2013年（平成25年）の2度にわたり法改正が行われ、耐震化がいっそう加速されました。

　この耐震改修を行うに当たっては、何らかの耐震診断法によりその建物の耐震性を評価する必要があります。耐震診断法としては対象とする建物の構造種別によってもいくつかありますが、ここでは一般的にRC造建物の耐震診断に使われている『鉄筋コンクリート造建築物の耐震診断基準同解説』（（一財）日本建築防災協会）をもとに基本的な考え方を紹介します。

　耐震診断法には、1次から3次まで3種類の評価法があります。

　第1次診断法は、柱と壁の水平断面積を算定して診断する簡便法で、部材の断面積だけで評価できるため、設計図書がなくても外形寸法さえ計測すれば評価できるのが特徴です。

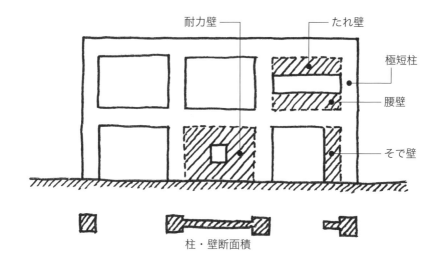

第2次診断法は、旧耐震建物では柱断面が比較的小さく、床スラブ付きのはりの強度は柱の強度より大きいという前提に立った略算法で、すべての鉛直部材（柱、壁）の強度とねばり強さを評価して診断するものです。

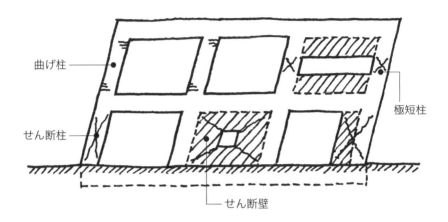

　第3次診断法は、フレームの降伏形や壁の基礎回転などを考慮できるため、すべての部材（柱、はり、壁）の強度とねばり強さを評価して診断するものです。はり降伏型や耐震壁の回転降伏が生じる場合は、2次診断よりも信頼性が高くなりますが、増分解析法ではそのモデル化や使い方によ

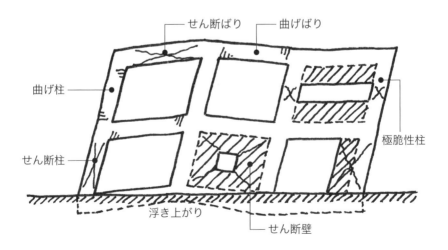

って必ずしも耐力を正しく評価できない場合があるので、実務上は2次診断を主体にし、3次診断は参考程度に扱うことが多いです。

　以上が耐震診断法の概要になりますが、渡り廊下棟のように柱2本にはりが1本取り付く1スパン建物の場合は、はり崩壊系になる可能性があるので、3次診断でも評価しておく必要があります。また、長いそで壁がある架構ではりのせん断破壊が想定されるような場合も、部分的に3次診断的な検討を行って部材耐力を直接入力するような工夫が必要です。

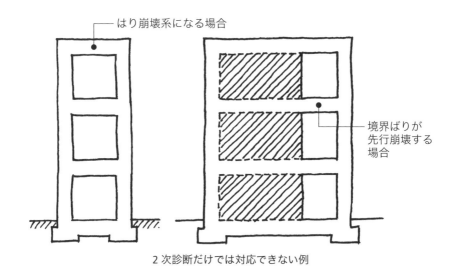

2次診断だけでは対応できない例

　耐震性能は構造耐震指標I_Sを用いて評価します。ここでは「強さとねばりを掛け算したもの」と大きくとらえておけばよいでしょう。この値が大きいほど耐震性能が高いということになります。

$I_S = E_0 \times S_D \times T$

　　E_0：保有性能基本指標

　　　　＝強度指標（強さの尺度）C × 靭性指標（ねばりの尺度）F

　　ここで、S_D：形状指標（≦1.2）

　　　　　　T：経年指標（≦1.0）

この E_0 指標は通常、靱性型の「(4) 式」と強度型の「(5) 式」と呼ばれる式のうち大きいほうの値をもって評価します。

$$E_0 = \frac{n+1}{n+i} \times \sqrt{E_1{}^2 + E_2{}^2 + E_3{}^2} \quad (4)\text{ 式}$$

$$E_0 = \frac{n+1}{n+i} \times \left(C_1 + \sum_j \alpha_j C_j\right) F_1 \quad (5)\text{ 式}$$

(4) 式は靱性が異なる鉛直部材を最大 3 種類にまとめ、最大の F 値（C点）に対応する E_0 指標を算定する式です。一方、(5) 式は部材の靱性を 1 種類にまとめて評価するもので、その靱性指標より小さい靱性指標の部材はすでに抵抗力を失っているとみなし無視します。また、靱性が大きい部材は最大強度を発揮する変形角に達していないので、強度寄与係数 α_j を考慮して耐力を低減します。

E_0 指標がどちらの式で決まっているか、建物の偏心などによって S_D 値が著しく低下していないかなど、I_S 値を下げている原因を分析することが構造設計者の重要な役割です。それによって、強度型の補強を目指すのか、靱性型の補強を目指すのか、あるいは建物の偏心を改善するのか、といった補強の方向性が見えてくるので、診断結果の考察を行うことは欠かせません。

参考までに、目標レベルと C_T–F 関係図、および I_S 値と建物の被害の程度の関係を示しておきます。

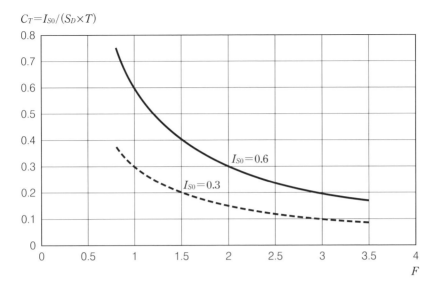

目標レベルと C_T-F 関係図

注：$S_D=1.0$、$T=1.0$ の場合を示す

I_S 値と建物の被害の程度の関係

I_S 値	大地震時「耐震改修促進法」		1995年 兵庫県南部地震	1968年 十勝沖地震 1978年 宮城県沖地震
0.9	(防災拠点)	倒壊し、又は崩壊する危険性が低い	大破・倒壊した建物はほとんどない	無被害
0.75	(機能維持)			
0.6	(安全確保・修復可能)	▽現行法令基準の要求レベル		小破
0.3		倒壊し、又は崩壊する危険性がある	大破・倒壊した建物がある	中破
0		倒壊し、又は崩壊する危険性が高い		大破

コラム
今考えるとよくできている n 倍法

　僕が設計事務所に入社したての頃、すでに自社開発の一貫構造計算プログラムがあった。しかし、仮定断面を求めて工事費概算を出す程度では利用することはなく、もっぱら手計算によっていた。もちろん、1ジョブいくらという電算費用が発生することもその理由の一つではあった。

　ある時、先輩から n 倍法のやり方を教わった。今、市販の一貫構造計算プログラムで行われている構面外雑壁の剛性評価法のことではない。耐力壁の D 値による略算法としての n 倍法のことである。

　n 倍法とは、耐力壁の D 値を標準的な中柱の D 値の3～5倍程度と評価する方法である。雑壁の D 値は、耐力壁の D 値の7/25倍とみなした。この方法を使うと何がよいかと言うと、今回は耐力壁に6割、ラーメンに4割負担させよう、そうすると壁を何枚設ければよいか、などと設計初期の段階で構造計画を立てることができるのである。

　各階の層せん断力から柱と耐力壁の負担せん断力が簡単に求められるうえに、構造計画をしているという実感を伴う。結果は一貫構造計算プログラムに聞いてくれ、みたいなことには決してならず、むしろ自分の決めた断面や配筋になるよう架構そのものをコントロールできた。

　また、耐力壁が多くラーメン架構がほとんど地震力を負担しなくても、最低30%は負担できるように配慮するなど、自分の頭で耐震性について考える習慣を身につけたように思う。

　今では、n 倍法という言葉を見聞きしなくなってしまったが、自分の感覚や直感に近いものがあるせいか、つくづくよくできていると思う。今でも基本計画ではこの n 倍法の世話になっている。それにひきかえ、今の構造計算法は……。

第4章

構造設計編

第1節 | 意外なもので決まる納まり

1 運搬で決まるはり継手長さ

　工場であらかじめ製作したものを現場で組み立てたり、取り付けたりする場合、トラックで運搬することになります。言い換えると、トラックに載らない建設資材は基本的にトラックに載せられるサイズまで分割する必要があるということです。

　鉄骨部材も同様です。通常、車両制限令によって使用車種の輸送可能範囲が定められており、通行許可証の取得が必要な場合や制限外積載許可証の取得が必要な場合もあります。これらは、あくまで輸送可能範囲を示したに過ぎず、経路の状況に応じてさらに制限されることもあります。参考文献9)では、おもな車両の積載荷姿図や許可範囲を詳しく示しているので、これらを参考にするとよいと思います。

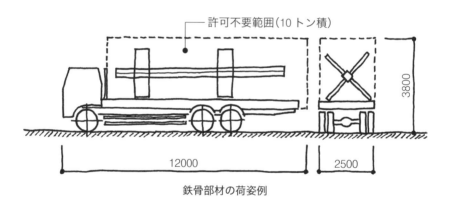

鉄骨部材の荷姿例

　一口にトラックといっても、計画地周辺の道路幅が狭い場合は、トラックの大きさによっては通行できない、あるいは十字路を曲がりきれないといったこともあります。場合によっては、別の構造種別に変えないといけなくなることもありますが、一般的には全長12m以下、はり継手長さは1500mm以下を目安として計画するとよいでしょう。

2 工具で決まる SRC 造柱の鉄骨形状

　SRC 造で設計をするに当たり、第 2 章ではまず柱芯線図を描いてはりの寄せ方を検討し、柱の鉄骨形状を決めることが必要だという話をしました。ただし、どんな形状寸法でも可能かというと、実際に鉄骨を製作したり建て方をする以上、施工性を無視したものは作れません。ですから、あらかじめ施工上の制約を頭に入れておくことが重要です。

　鉄骨形状は、具体的には柱継手を行う際の高力ボルトの締め付けや溶接施工からある程度決まってきます。たとえば、十字形鉄骨柱を例にとると、鉄骨柱せいが小さいと高力ボルトの締付け機が直交フランジの内側にセットできません。ボルトを 2 列打つのか、1 列打つのか、あるいは鉄骨フランジ厚さによっても施工から決まる必要寸法は変わります。

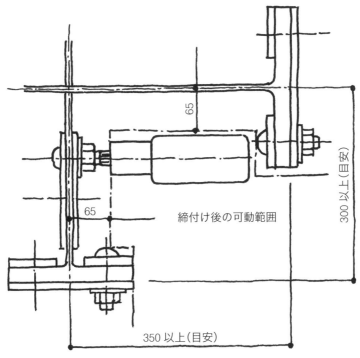

トルシア形高力ボルト締付け機と鉄骨の取合い例

また、SRC柱の鉄骨のかぶり厚さを150mmとすると、SRC柱断面は900mm角程度必要だということがわかります。工具で決まる鉄骨形状寸法の詳細については、参考文献10）を参考にするとよいでしょう。

　一方、鉄骨柱の溶接施工では、溶接のトーチ寸法や溶接角度、溶接姿勢を考慮すると、下図に示す寸法を確保することが目安となります。これらは鉄骨のフランジ幅による影響が大きく、とくに鉄骨せいが小さい場合は要注意で、納まらない場合は柱鉄骨せいを大きくしてフランジ幅を減らすか、T形鉄骨柱に替えてしまうなどの工夫が必要です。

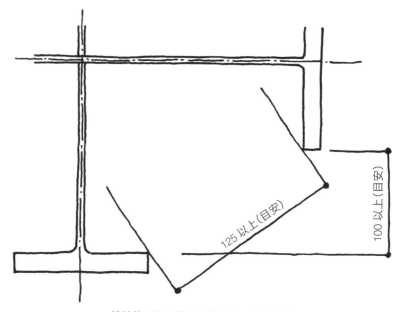

溶接施工から決まる柱フランジ間寸法

　そのほか、柱鉄骨の形状が決まれば、SRCはりの主筋と柱フランジが干渉しないこともあわせて確認するようにしてください。

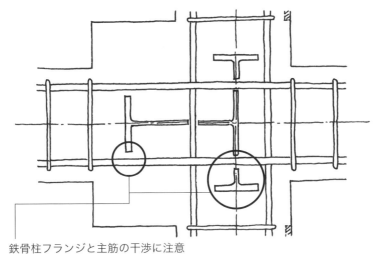

鉄骨柱フランジと主筋の干渉に注意

柱鉄骨とはり主筋のとりあい

③ 仕口の溶接で決まる鉄骨ばりのレベル差

　建物のバリアフリーを考えると、床のレベルを揃えておくのが基本です。言い換えれば、仕上げ厚さによってはりの天端レベルを変える必要があります。はりの天端レベルをどこに設定するかですが、うまく納めるコツはできるだけレベルの種類を減らすということです。

　「意匠設計者と調整すべきこと」のところで述べたように、たとえばRC造のはりなら、はり主筋をまっすぐ通せるようにレベルの低いほうにはり天端レベルを統一しながらレベルを整理すると鉄筋の納まりもすっきりします。そして、床スラブとはりにレベル差が生じている部分は、増し打ちで対応すれば解決します。

　一方、鉄骨ばりも基本的には低いほうにレベルを合わせるとよいのですが、はり段差を最低150mm確保しないと柱はり仕口部の溶接施工が難しくなり、健全な溶接ができなくなります。それは、はりせいの差についても同じことが言えるので、X方向とY方向のはりせいを変える場合は、最低でも150mmの差をつけて計画しましょう。

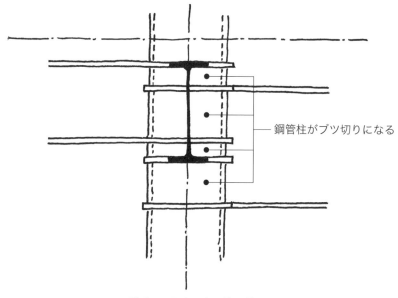

ダイアフラムの多い仕口部 — 鋼管柱がブツ切りになる

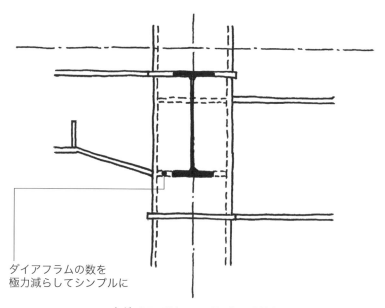

ダイアフラムの数を極力減らしてシンプルに

内ダイア、はりハンチによる改善案

また、はりせいが異なったり、はりに段差が生じると、下図のようにダイアフラムが4枚以上になり、柱の切断、溶接の工数が増え、製作精度も悪くなってしまいます。そのような場合は、中間のダイアフラムを内ダイアフラム形式にしたり、はり端部にハンチをとることによって、加工工数を減らすことができます。とくに柱はり仕口部は複雑になりがちなので、できるだけシンプルにすることを心がけてください。

　なお、角形鋼管柱に取り付くはりについては、角がアールになっているため、はりを柱端まで寄せることはできないので注意してください。

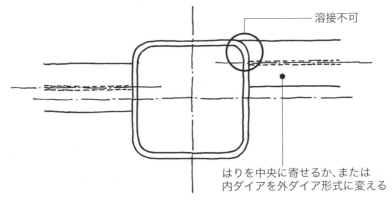

内ダイア形式のはりの寄せ

4 最初から決まっている胴縁、母屋ピッチ

　日本の建築で最もよく使われているモジュールは「尺モジュール」でしょう。古くから住宅建築では、この910mm（3尺）を基準に建てられてきました。そのため、住宅に使われる建材などもこの寸法の倍数、すなわち1820mm、（606mm）、455mm、303mmなどの寸法をもとに製作されています。

　住宅以外の建築においても、例外ではありません。外装材、屋根材、目隠しルーバー、間仕切り壁、天井などは、「尺モジュール」がベースになっ

ています。ですから、その下地となる胴縁や母屋のピッチをあれこれ悩んで検討する必要はなく、標準となるピッチは455mm（450mm）と覚えておいてください。あとは風荷重など外力の大きさに応じて303mm（300mm）にするなど調整していけばよいでしょう。

　また、こうしたモジュールを無視すると特注品になり、コストアップの原因となります。決まりごとは意外に多いものです。

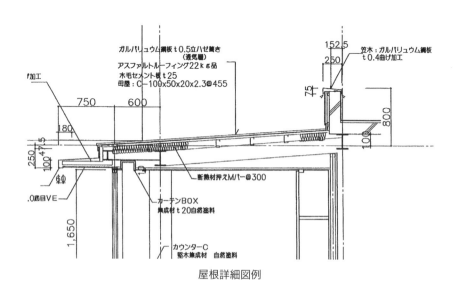

屋根詳細図例

第2節 | 想像力で理解しておく納まり

1 どう施工するかを頭の中でイメージする

構造設計では、架構モデルを組んで計算プログラムで応力解析しますが、たとえば鉛直荷重時の応力解析はいったいどういう状態を想定しているのでしょうか。計算条件を考えると、どの部材にも鉛直荷重による応力を発生させずに建物を施工し、かつ実際に使用開始した状態のまま、一瞬で重力を作用させる、そんなありえないケースの応力状態をあたかも当然であるがごとく計算しているのです。

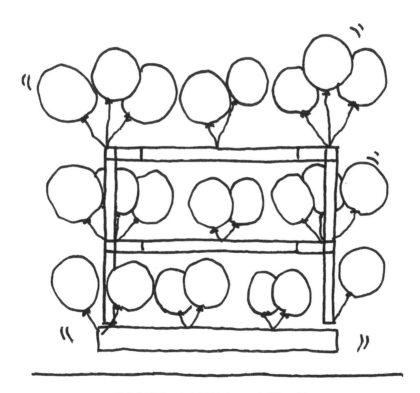

鉛直荷重時の応力解析イメージ（施工中）

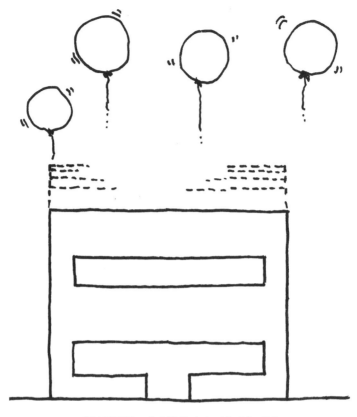

鉛直荷重時の応力解析イメージ（竣工時）

　ところが実際は、基礎を設けたあと下階から順に躯体を施工し、あとを追いかけるように仕上げを施して、最後に積載荷重が作用する順序になります。日本では通常、鉛直荷重時の応力が支配的ではなく、地震時応力が卓越するので、計算と実際の応力の差が致命的になることはありません。そのため、いつもこういうことを考える必要はありませんが、施工手順を理解して設計しないといけない場合があるのも事実です。
　簡単な例で説明しましょう。2階の片持ちばりを施工する場合、コンクリートが硬化して所定の強度が出るまでは、スラブを含めた鉛直荷重を支

保工で1階の地中ばりに支持させる必要があります。3階の片持ちばりを施工する場合も同じです。今度は2階の片持ちばりに施工時の荷重を支持させます。この時、2階の片持ちばりがその荷重を単独で支持できないような場合は、1階の支保工を存置させておくことを図面で特記する必要があります。

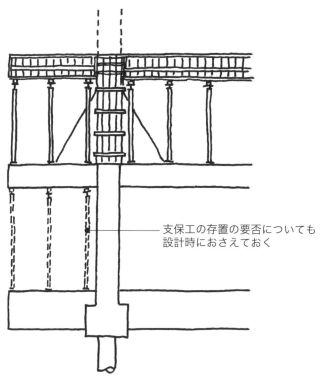

構造計算条件と施工の整合性

このほか、躯体がすべてできあがって初めて成立するような架構だと最後まで仮設材は必要です。自分が設計するものについて、どう施工するかを頭の中でイメージし、それが計算仮定と一致しているかをつねに意識しておくことが大事です。

2 鉄筋は上から下から左右から

　実際に配筋検査に立ち会ったことのある方ならおわかりになるでしょうが、ここまで鉄筋をよく納めたものだと感心することがあります。それぐらい、鉄筋が四方八方から柱はりの接合部めがけてやってくるわけです。しかも、施工誤差も許容しないといけない中で、やはり設計時点で少しでも鉄筋の交通整理をしておく必要があります。

混み合う配筋状況

　交通整理の方法としては、鉄筋を極力まっすぐに通すことです。そのためには、できるだけはり幅、寄り寸法、はり天端レベルを合わせるとよいでしょう。とくに主筋径が太径になればなるほど、鉄筋同士が干渉した場合に避けようがなくなってきます。柱主筋の位置を下階で決めておき、はり幅や1段に並べる主筋本数も統一するなどのルールを設けて対処することがポイントです。何ごとについても言えますが、納まりをシンプルにすることが肝要です。

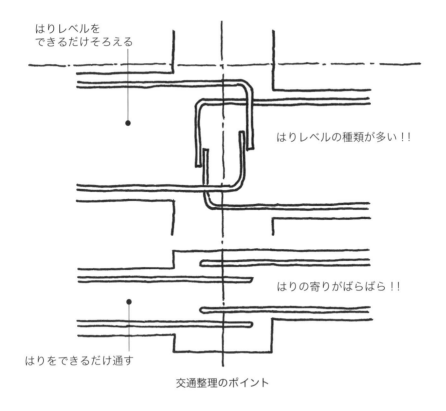

交通整理のポイント

　一般階以上に注意が必要なのは、最下階の柱はり接合部です。ここには、下から杭頭補強筋、横からは基礎ばりの主筋が、そして上からは柱主筋が集まってきます。その際、柱断面、杭径、あるいははり幅相互の寸法にあまり差がないと鉄筋が納まりません。とくに、杭の場合は円形状に配筋するため、端のほうにいくほどはり主筋が通らなくなります。したがって、部材断面を決める場合にはこれら相互の鉄筋の納まりをスケッチして確認し、はり幅を大きくするなどの対応をしておくことが必要です。

　それは、鉄骨造の場合にもあてはまります。柱主筋は上から下りてきませんが、代わりに既製柱脚のアンカーボルトが下りてきます。かなり太径のアンカーボルトになるうえ、アンカーボルトの配置によってははり主筋と干渉することが多いので、必ずチェックしておきましょう。

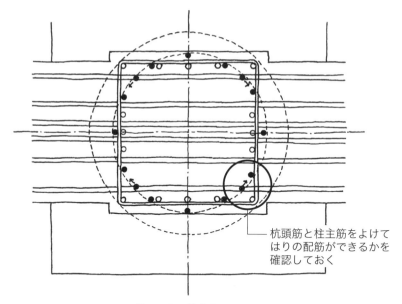

柱、はり、杭主筋の干渉

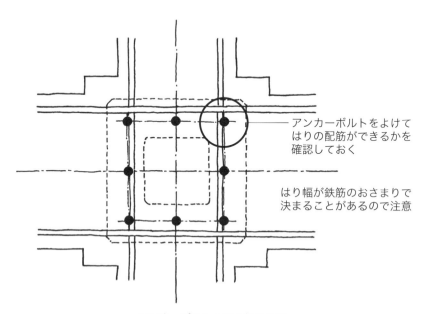

アンカーボルトとはり筋の干渉

3 邪魔な基礎フーチング

　基礎の設計をする際、敷地に余裕があればわざわざ偏心基礎にする人は少ないと思います。偏心させないとどうなるかというと、外壁より外に基礎フーチングがはみ出します。それで問題ない場合も多いのですが、設計で気をつけないといけないのは、柱に沿って下りてくる雨水管やその会所、その他埋設配管との干渉です。

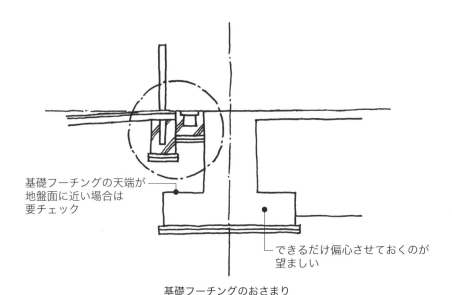

基礎フーチングの天端が地盤面に近い場合は要チェック

できるだけ偏心させておくのが望ましい

基礎フーチングのおさまり

　フーチングを深くするか、偏心基礎にするかは設計者の判断によるのでしょうが、偏心基礎にしたほうが将来的に何の問題も生じないので無難だと思います。

4 RC 小ばりの 2 段配筋を避ける理由

　鉄筋コンクリート造の小ばりで 2 段配筋しているのを見かけますが、直交大ばりの主筋を避ける必要があるので、それだけでも上端筋位置が下がってきます。下端筋については通常、小ばりのはりせいが大ばりより小さ

いので、はりレベル差が生じて主筋どうしが干渉しないかぎり下端筋が上がることはないのですが、2段配筋すると上端筋と同様に許容曲げモーメントが低下します。

　はりせい700 mmの直交大ばりにはりせい600 mmの小ばりを架けた場合について考えてみましょう。次図より、直交大ばりの主筋を考慮しない負曲げに対する有効せい d はおよそ530 mmとなります。直交主筋を避けた場合は30 mm下がって500 mmとなり、さらに2段配筋に鉄筋重心の下がりを考慮すると470 mm前後となります。

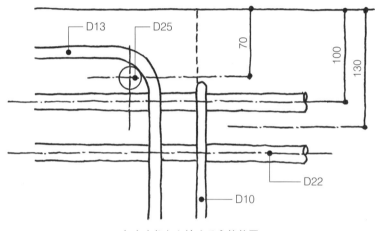

おさまりから決まる主筋位置

　一方、許容曲げモーメントは曲げ材の応力中心間距離 j に比例するので、大ばり主筋を避けると約6％、2段配筋にするとあわせて約13％低下します。とくにはりせいが小さくなればなるほどこの影響が大きくなり、はりせい400mmの場合だと約18％まで低下します。

　以上の説明から、RC小ばりは2段配筋を避けたほうがよいということが理解できたと思います。したがって、大ばりとのバランスを見ながらはりせいを上げて主筋本数を減らすか、1段配筋ですむようなはり幅の調整をすることをおすすめします。

5 RC造スラブ配筋で配慮したいこと

　RC造スラブの配筋は応力から決めることが基本です。しかし、応力算定式の計算仮定は床開口がない理想形状が前提で、床荷重以外の外力を想定していません。したがって、配筋を決める際には計算外の配慮をしておくのが望ましいと言えます。

　たとえば、施工時への配慮です。現場作業者がスラブ配筋した上を頻繁に歩くので、短辺方向のスラブ筋は計算上D10＠200で十分であっても、D13を混ぜて最低D10、D13＠200ダブルとしています。スペーサで鉄筋位置を維持しているとはいえ、位置が下がると計算で期待した耐力を発揮できなくなるので、こうした配慮をしているというわけです。

スラブ配筋状況

　次は屋上（屋根）スラブです。直射日光が当たって一年中温度変化が生じる箇所なので、配筋を割増ししておくのが望ましいのですが、屋上については室外機などの設備機器を置くために、もともとスラブ筋が多めに配

筋されていることが多く、そういう場合はあまり神経質になる必要はないかもしれません。

そのほか、便所などスラブ貫通孔や開口が比較的多く存在する箇所も何らかの配慮をしておくとよいでしょう。いちいち小さな床開口をモデル化してスラブの応力解析をしないので、計算上たいした応力でなくても、短辺、長辺ともD13@200ダブルぐらいの配筋にしておくのも一つの方法です。仮にD10をD13に変えたところで、便所の床面積は全体から見ればごくわずかであり、コストには何も影響しません。

そう考えてくると、第3章でも紹介したように、床版リストの種類は次表に示す三つがあれば大半が整理できてしまいます。将来の用途変更などにも対応させようとすると、きめ細かく配筋を変えて種類を増やすのは疑問です。時間をかけても得るものが少なく、大胆に配筋を決めることも時には大事なことだと思います。

床版リスト標準

符号	版厚[mm]	層	短辺方向	長辺方向	備考
S1	150	上	D10・D13 @ 200	D10 @ 200	モチアミ配筋
		下	D10 @ 200	D10 @ 200	
S2	150	上	D13 @ 200	D10・D13 @ 200	モチアミ配筋
		下	D10・D13 @ 200	D10 @ 200	
S3	150	上	D13 @ 200	D13 @ 200	モチアミ配筋
		下	D13 @ 200	D13 @ 200	
		上			
		下			
		上			
		下			

6 揃えたいべた基礎の底版厚さ

べた基礎の設計をする時、地反力に対して底版の応力を求め、断面算定をします。べた基礎の場合、ピット部分は水槽に利用されたり、メンテ空間としても利用されます。ピット内に溜まった湧水は、地中ばりに設けた

連通管を通して釜場に集められ、ポンプでくみ上げられます。

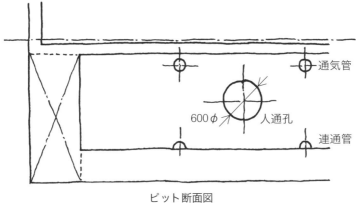

ピット断面図

　ところが、応力の大きさだけにとらわれて底版の厚さを変えてしまうと、湧水を釜場に集めることができなくなり、各スパンに釜場が必要になってきます。そのため、底版の厚さは揃えるべきで、厚さを揃えるには応力、すなわち下図のように小ばりを入れて底版の大きさを揃えるか、または厚さを揃えて配筋で調整すれば簡単に解決できます。

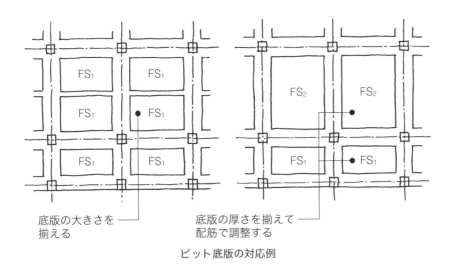

ピット底版の対応例

7 構造スリット位置はよく考えて

　構造計算で壁の偏在を解消するために、構造スリットを設けることがあります。三方スリットとすることにより、袖壁付き柱や垂れ壁、腰壁付きはりがなくなるので架構全体の応力が均質化されます。しかし、安易にスリットを設けることは、建物から余力を削るだけなのでよくありません。構造スリットは、別名「耐震スリット」とも呼ばれていますが、決して「耐震」にはならないので、誤解のないようにしてください。

　ところで、構造図を見ていると、ほんのわずかでも構造スリットを設けたり、実際のモノを想像せずに計算の世界の中だけでスリットを考えている例を見受けます。機械的に三方スリットとせずに、開口形状や配置によってはスリットをとりやめたり、スリットを入れる位置をよく確認することが大事です。

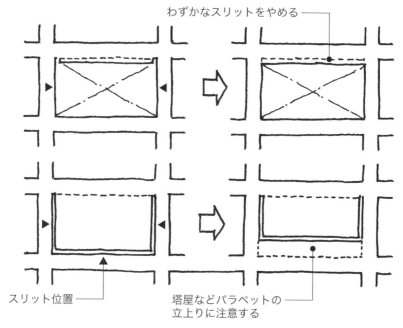

安易に設けがちなスリット例

また、純ラーメン架構にごく一部壁が存在する場合、こうしたスリットを設けるのは理解できますが、設計ルート①相当の壁量を有する強度抵抗型の建物にスリットを設けるのはナンセンスです。こういう場合はむしろ、計算モデルを工夫するなどして、極力構造スリットを設けないよう計画することが重要です。

　スリットを設けない場合、袖壁、垂れ壁、腰壁を考慮して部材剛性を求めることになりますが、精算法だからと言ってそれが正解だとは限りません。過度に応力集中を招く結果になるだけで、特定の部材に密な配筋をすることでかえって建物全体の性能を落とすことになると考えます。同じ量の鉄筋を使うなら、周辺に鉄筋をばらまいたほうがよいに決まっています。ところが、構造計算の世界では、どうしても過密配筋になってしまい、断面設計ができないこともよくあります。構造設計者として頭を悩ませる問題の一つです。

第3節｜現場での不具合をなくすために

1 たわみを侮るなかれ

　片持ちばりの設計をする時、みなさんはどういうモデル化をして応力やたわみを求めているでしょうか。通常は、公式どおりに下図のような計算モデルを想定して、たわみや応力を求めていると思います。

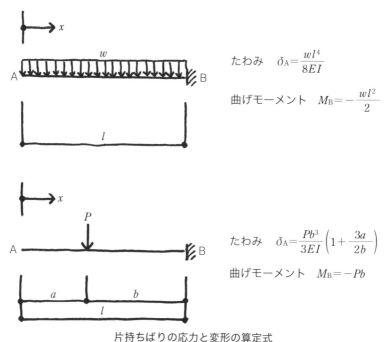

たわみ　　$\delta_A = \dfrac{wl^4}{8EI}$

曲げモーメント　　$M_B = -\dfrac{wl^2}{2}$

たわみ　　$\delta_A = \dfrac{Pb^3}{3EI}\left(1 + \dfrac{3a}{2b}\right)$

曲げモーメント　　$M_B = -Pb$

片持ちばりの応力と変形の算定式

　片持ちばりの持出し長さが短い場合や固定端側に剛性の高い部材が存在する場合はそれでもよいのですが、実際のモノをよく考えずに計算すると現場で不具合が生じる話をしたいと思います。

　次図に示すような、片持ち部分の長さl_1、l_2の出隅部分を複数の片持ちばりで支持させる場合を考えます。片持ちばりA〜Dを上図のような計算モデルで応力を求めるとどうでしょうか。

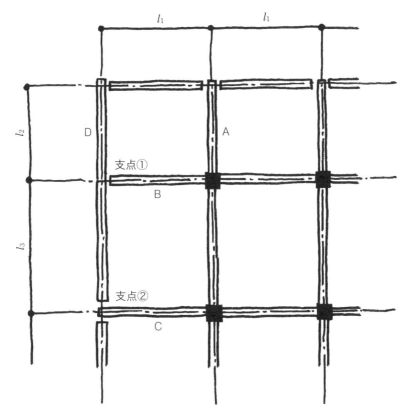

注：A～Dは片持ちばり符号を示す

出隅部分のはり伏図

　片持ちばりA～Cについては柱や控えの大ばりがあるので、上図のような固定端が完全に剛なモデルで応力やたわみを求めても問題になることは少ないのですが、天秤タイプの片持ちばりDは明らかに問題があります。その理由は、計算モデルが実情にそぐわない点にあります。つまり、前述の公式が適用できるのは、固定端側の節点回転角がかぎりなく0（ゼロ）とみなせる場合に限りますが、片持ちばりDは2連ばりとしているので、片持ちばりBとの接合部（支点①）で節点回転角が生じ、境界条件を満たしません。

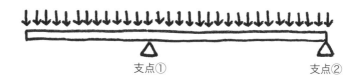

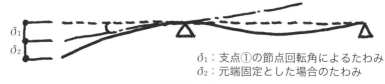

δ_1：支点①の節点回転角によるたわみ
δ_2：元端固定とした場合のたわみ

2連ばりの変形図

さらに、その場合の支点①、②は不動点ではなく、片持ちばりB、Cの初期たわみや天秤効果による変形差が生じます。

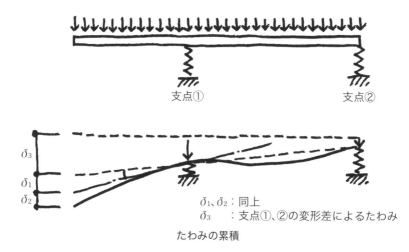

δ_1、δ_2：同上
δ_3　　：支点①、②の変形差によるたわみ

たわみの累積

ちなみに簡単な計算例として、次図のような、片持ちばりの持出し長さ$l = 4m$、床荷重$w = 6kN/m^2$（1方向スラブ）、鉄骨自重やその他の荷重は無視すると仮定した時の応力とたわみを求めてみます。なお、はり断面はすべてH-400×200×8×13とし、曲げ剛性倍率は1.0とします。

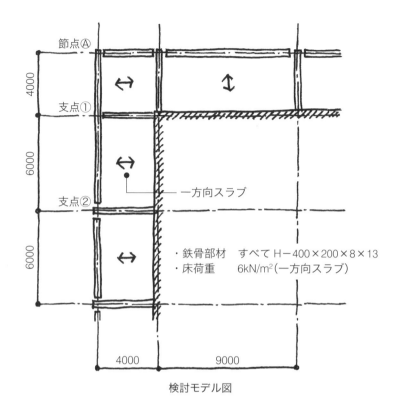

検討モデル図

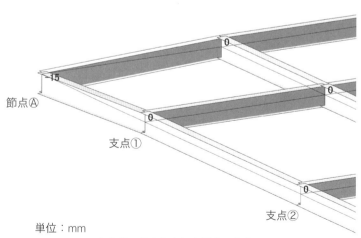

単位：mm

支点①、②を拘束した場合のたわみ

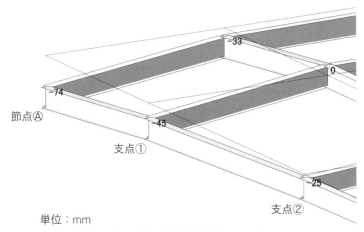

単位：mm

支点の変位を考慮した場合のたわみ

　上の結果からわかるように、片持ちばりの持出し長さが大きくなればなるほど、実際のたわみは大きくかけ離れたものになります。さらに、この例のように部材の変形は累積されてくるので、出隅（節点Ⓐ）のたわみはかなり大きな値となります。たわみの問題は、柱の途中から片持ちばりを出したりする場合も同様です。片持ちばり先端のたわみは柱の剛性にも依存し、片持ちばりの元端には節点回転角が生じます。

　このように、計算モデルが実情に即したものであるかをつねにチェックしながら計算を行うことが基本であり、これを怠るとまったく意味のない計算になってしまうことを肝に銘じておいてください。

② 続・たわみを侮るなかれ

　ここでは、一端に片持ちばりをもつ単純ばりについて、持出し長さ a とそれに接続する控えのはりのスパン l とのバランスについて述べてみたいと思います。

　片持ちばり先端のたわみ δ_2 は

$$\delta_2 = \frac{w \times a}{24EI} \times (4 \times a^2 \times l - l^3 + 3 \times a^3)$$

また、支点反力 R_2 は

$$R_2 = \frac{w}{2l} \times (l+a)^2$$

となります。

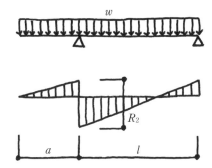

一方、持出し長さ a の片持ちばりの先端たわみ δ_1 は

$$\delta_1 = \frac{w \times a^4}{8EI}$$

支点反力 R_1 は

$$R_1 = w \times a$$

で与えられます。

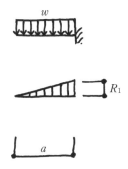

以上より、スパン比 $\lambda = l/a$ を変えてたわみ比 δ_2/δ_1 と支点の反力比 R_2/R_1 がどう変動するかを示したのが次の図です。

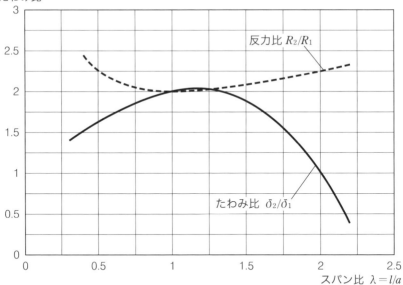

この図からわかるように、λ＝2の時に天秤タイプの片持ちばりのたわみが端部固定とみなした片持ちばりのたわみに等しくなります。また、支点反力R_2は天秤形式で片持ちばりを持ち出すため、スパン比にかかわらず2倍以上の反力が生じます。控えばりのスパンlは、バランス的にも片持ちばりスパンの2倍以上が望ましいでしょう。

③ 鉄骨造は出隅の納まりでチェック

限られた時間で鉄骨造建物の構造図面をチェックする時、どこを見ているかというと、じつは出隅部分をチェックしています。この部分は、外装材や立上りの腰壁に加え、地盤面や外構仕上げ、基礎や鉄骨柱、ベースプレート、基礎ばりなどが集まってくる部位なので、ここが納まっていればまず問題ないと判断しています。

納まりで確認すべき項目を次頁にスケッチの形で示しましたので参考にしてください。

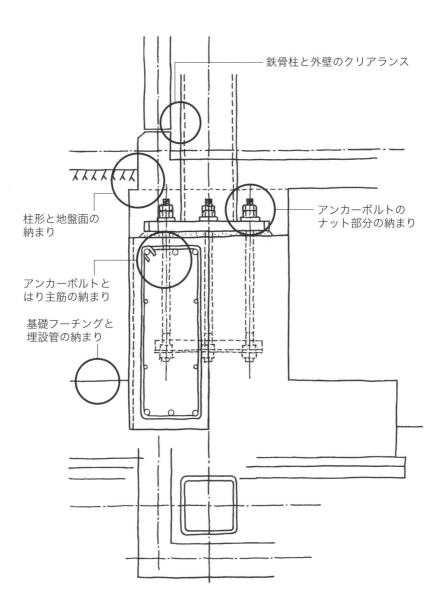

第 4 章 構造設計編

4 ねじれる鉄骨

H形鋼はねじれに弱い形状をしています。とくにスレンダーな形状になればなるほどねじれやすくなるために、設計では何らかの工夫が必要になります。

とくにPCa版など比較的重量のある外装材を支持するはりは、重量に比例してねじれモーメントが作用するので、とくに細幅のH形鋼は避けたほうがよいでしょう。とくに床（屋根）が鉄筋コンクリート造でない場合は、外壁の倒れが生じるなど要注意です。場合によっては、閉鎖型断面にするなどの配慮も有効でしょう。

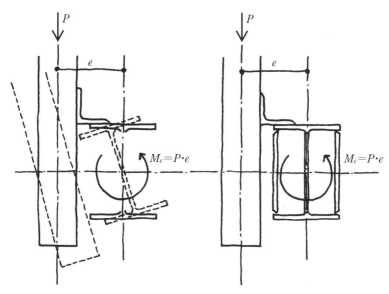

外壁プレコン壁によるねじり

また、円弧状に張り出している場合も同様に、はりにねじれモーメントが作用するので、このような場合は片持ちばりを設けるなど、極力ねじれ抵抗に期待しないディテールにすることが基本です。

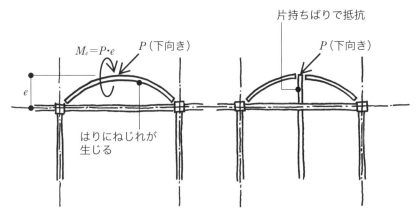

円弧状に張り出している場合の支持方法例

5 亜鉛めっきはここに注意

　屋外に露出する鉄骨部材については、錆のことを考えてよく溶融亜鉛めっき仕上げとすることがあります。ただ、設計図書にそう特記するだけで安心していると、設計に手戻りが生じたり、現場で部材に大きなひずみが生じたりすることがあります。ここでは、参考文献11)をもとに設計上の留意点について次の4つを紹介します。

　①部材寸法はめっき槽の大きさで決まる
　②板厚をできるだけ揃える
　③閉鎖形断面では開口孔が必要
　④部材形状はシンプルに

　まず、部材形状についてですが、めっき槽に鋼材を浸漬するのでめっき槽より小さいサイズにする必要があります。基本的には一度漬けで終えることが必要で、鋼材が大きく二度漬けするとめっき焼けの原因となり美観上の問題が生じます。とくに部材寸法が大きい場合は、めっき工場がかなり限定されるため、あらかじめ工場のめっき槽の大きさを調べておく必要があります。

　一般的な目安としては、めっき可能な寸法を 10m×2m×2m 程度と考え、

少し余裕をもって継手等を設け、鋼材を分割していくとよいでしょう。

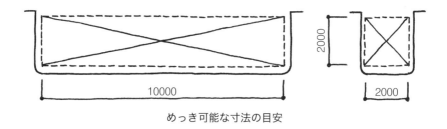

めっき可能な寸法の目安

　次は板厚を揃えるという話です。溶融亜鉛めっきの工程は、脱脂、酸洗、フラックス処理の前処理工程を経て、460℃前後の溶融亜鉛の中に一定時間浸漬させた後、引き上げてたれ切りをし、70℃以上の温水冷却を行うフローとなります。

　この工程の中で、めっき槽に浸漬する時と温水冷却する時に鋼材にひずみが生じます。鋼材全体を均一に膨張、収縮させれば、ひずみを最小限に抑えることが可能になりますが、そのためにはとりつく部材の板厚をできるだけ揃えてやる必要があります。大まかな目安として、最大板厚と最小板厚の比を2以下にするのが望ましいでしょう。

　3番目は、閉鎖形断面についてです。鋼材をめっき槽に浸漬する場合、鉄と亜鉛の比重の差（7.85－6.80＝1.05）が小さいために、閉鎖形断面だと空気だまりができて浸漬できなくなったり、浸漬にかなりの時間がかかったりします。さらに、空気や残留水分によって爆発の危険性もあります。

　そのため、通常は空気だまりや亜鉛だまりができないよう、対角方向の両端部や隅角部に十分な孔（目安として、鋼管の内法面積の1/3）を開ける必要があり、設計上この開口部の欠損を考慮しておくことが求められます。

　最後は、部材形状です。400℃以上のめっき槽に浸漬するわけですから、ひずみのことを考えると断面形状はできるだけ左右対称にし、かつシンプルにすることが望ましいと言えます。複雑な形状になる場合は、パーツを

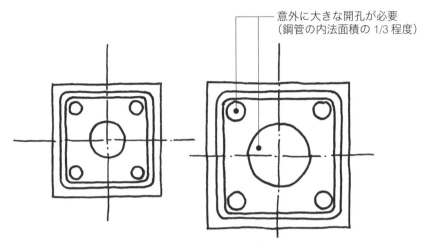

ダイアフラムの開孔例

分けてめっきを施し、めっき後ボルト接合する方法も考えられます。

　そのほか、めっき部材は基本的に全表面にめっきを施しますが、通常の摩擦接合による高力ボルト接合面やめっき後に溶接加工される溶接部分、コンクリートに被覆される部分などは「不めっき」とする必要があるので注意してください。

6 はりの変形にまつわるトラブル

　はりの変形によって使用上の支障が生じるのは、鉄骨造に限ったことではありません。その原因は、鉄骨造の場合はおもに弾性たわみ、RC造の場合はクリープ変形によるものが多いと言えます。

　鉄骨ばりの設計では通常、スパンの1/300以下にたわみを抑えるので、ほとんど問題になることはないのですが、それでも仕上げ材を含めた建築意匠の納まりをつねにイメージしておくことを忘れてはいけません。たとえば、片持ちばりがあって柱ぎわの樋に雨水を流すような場合、もともとの水勾配が緩いと、はりの変形の程度によっては逆勾配になって雨水がはり先端部に流れることがあります。

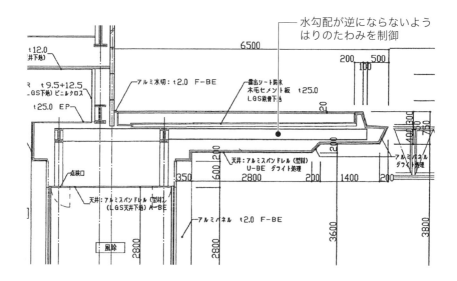

　また、大スパンばりの場合、たとえばスパンが 18m だと中央部のたわみはスパンの 1/300 なら 60mm でも OK ということになりますが、床が RC 造スラブの場合、コンクリート打設時にその重量に見合うたわみが生じます。ところが現場では、コンクリート面を平滑に仕上げるので、その分だけ中央部のスラブ厚さが増し、そのコンクリートの増加分によってさらにたわみが累積されるという結果になります。

　こうしたたわみによる不具合を防ぐために、はりに「むくり」をつけることがあります。「むくり」とは、予想される変形量を打ち消すように、あらかじめ逆方向に変形加工しておくという意味です。つまり、想定される全荷重が作用した時にはりの相対たわみをゼロにするのです。ただ、これまでの経験上、実際のたわみは想定した積載荷重や支点の拘束条件の違いから計算値より小さいことが多く、筆者はむくり量を計算値の 70〜80％ ぐらいにとどめています。むくりを設定する場合は、あらかじめ設計図書に明示しておきます。

　一方、RC 造の場合は、サッシュが取り付くはり部材のクリープ変形が問題になることがあります。たとえば、スパンが比較的大きいはりにクリー

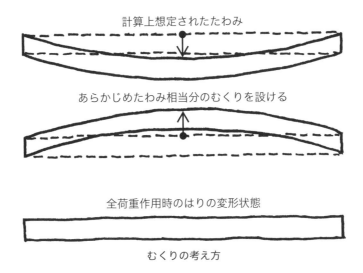

むくりの考え方

プ変形が生じた場合、サッシの上枠が押し下げられて窓の開閉ができなくなったり、方立て頂部に緩衝材がないと方立てが座屈変形することがあります。このような不具合を防ぐために、通常は方立て頂部に緩衝材を挿入するのですが、設計図書に明記しておくことも一つの方法でしょう。

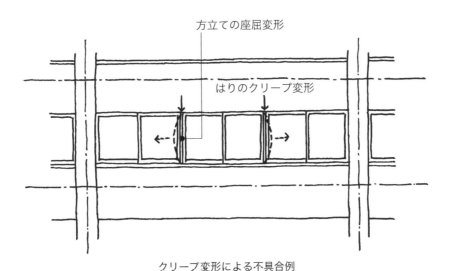

クリープ変形による不具合例

7 引張ブレースで気をつけたいこと

　工場などの設計では、躯体コストを抑えるため、よくブレース構造を採用します。ブレースも引張ブレースであることが多く、圧縮側のブレースを計算上無視するのですが、設計においてもこの存在を無視すると不具合が出るという話をしたいと思います。

　地震時に水平荷重を受けて建物が変形しますが、引張側のブレースは軸力の大きさに応じて軸方向変形（引張変形）します。圧縮側のブレースはというと、フレームの変形により支点間距離が短くなり、その結果圧縮側のブレースが座屈して横にはらみだすという現象が生じます。

　計算上、圧縮側のブレースを無視しているのでこのことに気がつかないことが多いのですが、ブレース配置の仕方しだいでは、横はらみ幅が無視できない量になることもあります。天井材とのクリアランスが不足している場合は、天井を損傷させたり落下させる危険性があります。また、窓面と近接していれば、窓ガラスを破損させることも考えられます。それは、地震時に限ったことではなく、温度応力の場合も同様です。

　参考までに、どれほどの横はらみ量になるか、簡単な計算結果の例を示しておきます。わずかな層間変形角でもはらみだし量は意外に大きくなることがわかると思います。

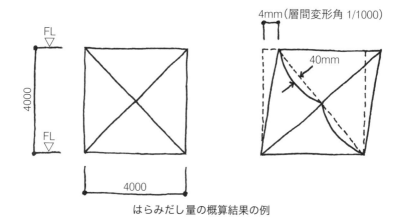

はらみだし量の概算結果の例

第4節 | さらに伝えたいこと

1 シンプル・イズ・ベスト

　筆者は初代からずっとiPhoneを使っていますが、それはiPhoneが「使う」ことに全神経を注いでデザインされていると思うからです。必要最小限のボタン、整然とレイアウトされた基盤回路。ムダを徹底的に排除したパッケージ。その結果、それらがもたらす直感的な操作性、シンプルな機能、動きの滑らかさ、豊富なアプリは、どれをとっても手にする人をわくわくさせます。

　それは、建築にもあてはまると考えています。建築物も利用されてこそ建てる意味があります。建築は彫刻や工芸品ではありません。だからこそ、安全性や機能性が求められるのです。外観デザインも大事な要素ですが、デコレーションそのものがデザインではありませんし、それだけで建築は成立しません。すべてにわたって統合化されたデザインでないと、そこにいる人たちをわくわくさせることは難しいように思います。

　そう考えると、建築の根幹となる設計コンセプトは、シンプルでわかりやすいものであるべきで、建築設計において決してぶれることのない、骨太の方針を守りとおすことが重要です。

　ところが、打合せを重ねるうちにこうした方針がくずれていくのを目にすることがあります。たとえば、基本グリッドを決めたにもかかわらずスパンを一部だけ変更したり、あるいは各階とも地震力を100％コアの耐震壁に負担させることにしたのに、いつの間にか特定の階だけ耐震壁がなくなっていたり。すぐに妥協してこうした例外に逃げ込むようでは、すぐれた建築物はできません。もちろん、建築、構造、設備すべてを満足させることは難しいのですが、一度決めたらとことんそのコンセプトを実現するために知恵を出し続けるねばり強さが求められます。

　シンプルであることは普遍性をもたらします。構造計画においても、外力をいかにシンプルに地盤へ流すかに注力し、ねばってみてください。き

っと、最適解が得られると思います。

② 気くばり一つで躯体は美しくなる

　鉄筋コンクリート造でも鉄骨造でも、やはり躯体は美しく造りたいものです。それには、部材同士の取合いや接合部まで気を配るかどうか、それだけでもずいぶん違ってきます。

　たとえば、次図に示すような鉄骨の片持ちばりとつなぎばりとの取合いですが、極端にはりせいが異なる取合いは美しくありません。このような場合は、片持ちばりにハンチを設けてつなぎばりと同じせいにしたり、片持ちばりのピッチを変えて、つなぎばりとはりせいが揃うように計画すると美しくなります。仕上げで覆うと鉄骨なんて見えなくなるからどうでも

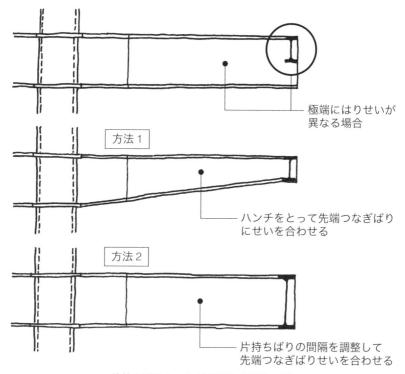

片持ちばりとつなぎばりとの取合い例

よいじゃないかと思う方もきっといるでしょうが、そういうものではありません。

　また、見えがかりとなる部分にはとくに注意をはらってほしいと思います。鉄骨継手部であれば、高力ボルト接合にするのか、あるいは溶接接合にするのかという判断が必要です。溶接接合であれば、裏当て金を残す、残さないということを図面に特記しておくことが必要です。さらに、高力ボルト接合であれば、頭の向きまで特記しておく配慮がほしいところです。

　建物規模が大きくなればなるほど、隅々まで細かいところに気を配ることが難しくなりますが、日頃から見え方を気にかけることで、建物に対する愛着も湧き、その出来栄えにもはっきりと差が出てくると思います。その意味でも、自分が設計した建物を必ず自分の眼で確かめておくことをおすすめします。設計前に現地を見ておくのと同様、行けば行っただけ必ず収穫があります。よかったところ、反省すべきところ、それを今後の設計に活かせばよく、失敗から学ぶことも本当に多いものです。

③ 待たない、待たせない

　複数の業務を何食わぬ顔でこなす人と、大汗をかきながらバタバタと仕事をする人の差はどこからくるのでしょうか。それは、仕事の進め方にあります。どんな仕事にも必ず期限というものがあります。一つのプロジェクトに集中するあまり、ほかが手つかずでいると、締切り間際になってあわてふためくことは目に見えています。

　効率よく仕事を進めるコツはただ一つ。それは「待たない、待たせない」ということです。誰でも手戻りはいやです。しかし、設計であれ何であれ、成果は行きつ戻りつを繰り返して収斂してできあがっていくものです。したがって、決まらないことは「待たずに」仮に想定して検討し、決まってから条件を入れ替えて見直すと仕事がはかどります。図面もとりあえず影響の少ないところから描き始めて、80％ぐらいの出来にしておけば、残り20％の修正はたいしたことがありません。これを締切り間際にいきなり

100％にしようとするから、かなりの苦痛と労力を伴うのです。

　また、誰かに検討の協力を頼んだり、誰かと作業を分担したりする場合、相手のために「待たせずに」最優先で準備を整えるべきです。そして、協力者が作業に取りかかっている間に自分のすべきことをこなすのです。この順序を逆にすると、自分が手待ちになってしまいかえって効率が落ちる結果となります。

　1日は24時間しかありません。しかし、24時間もあると考えることもできます。筆者の例を紹介すると、前日に、翌日にすべきこととそれに要する時間を手帳に箇条書きで書き出しておきます。そして、出社したらいきなり仕事にとりかかれる準備をします。それだと時間を有効に使うことができるからです。午前中は、メールなど早くさばけるものを片付けてしまい、まとまった時間が必要なもの、単純作業は午後に回します。頭を使うことは、午前中の疲れていない時にできればやりますが、無理はしません。手を動かす仕事は会社にいる時しかできませんが、頭を使うことなら会社を離れてもできるからです。アイディアやヒントというのは、意外にも電車のつり革をにぎっている時とか、散歩やジョギングをしている時など、リラックスしている時に浮かぶものです。机に向かえば出てくるというものではありません。

　デザインは普遍的なもので、筆者は建築に限らず時間という抽象的なものまでその対象としてとらえています。これはあくまで個人的な例にすぎず、その人に応じたタイムマネジメントというのが必ずあるので、まずは「待たない、待たせない」を実践して自分流のやり方を探してみるのもよいのではないでしょうか。

④ とにかくスケッチを

　定規を使わず、フリーハンドでスケッチを描くこと。計算書もフリーハンド。これが、配属されてきた新入社員に伝える言葉です。定規を使うと作業効率が悪くなるうえ、「味のある」線を引けなくなるので、トレーニン

グという意味で実践させています。

　納まりは現場で覚えるのが理想ですが、毎日通うわけにもいかないので身体で覚えるしかありません。その手段がスケッチです。スケールは可能なら原寸で、それが難しければ1/2、1/5ぐらいで描くとよいと思います。なぜなら、スケールが大きいとごまかしが効かないからです。仕上げの納ま

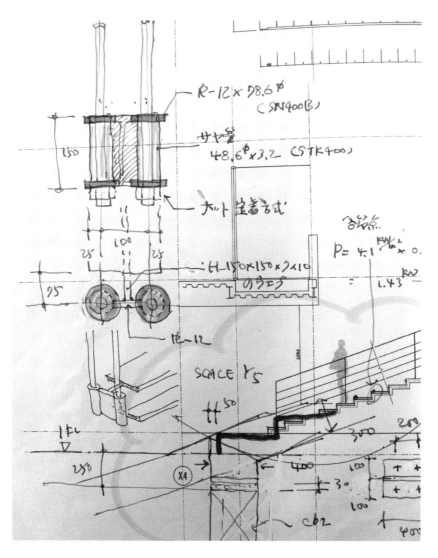

りを知っていないと描けませんし、それらを理解して描けば描くほどスケール感覚も身についてきます。まちがっても CAD には頼らないことです。

5 BIM 活用について考える

　実務に携わって 30 年。その間、手描き図面から CAD 図面に切り替わり、今や CAD 化率は 100％になりました。成果品でも CAD データの提出を義務づけられているほどです。建築の世界でも大きな転機になりましたが、今また大きな転機が訪れようとしています。それは Building Information Modeling（以下、BIM と呼ぶ）です。

　BIM は、建築物に関するさまざまな情報をライフサイクルにわたって統合管理するためのデータベースを構築するプロセスを指します。具体的には、3 次元のビルディングモデリングソフトウェアを使って、形状情報、位置情報、材料特性、数量、性能、時間情報などさまざまなデータを属性情報として与えることができ、設計から施工、竣工後の維持管理まで一貫してデータを共有することで、生産性を高めたり、品質の向上が期待されています。

　建築構造用のモデリングソフトウェアには、Revit や Tekla などがありますが、本来は企画から竣工後の維持管理まで、建築のライフサイクル全般にわたって活用されるべきツールで、決してお絵描きツールではありません。たまたま、これまで描いてきた CAD 図も描けるので利用しているということなのです。ただ、3 次元の情報をもっていながら、わざわざ従来の 2 次元の図面と同じものを描こうとすること自体に無理があり、そこに時間と労力を注ぎ込むのは本来の目的と逆行するものです。BIM の世界では、成果品である設計図書はこうした 3-D ビルディングモデリングのデータそのものを意味するからです。

　これらのソフトウェアはいずれも発展途上であるので、100 点を目指そうとすると、かえって効率の低下を招いてしまいます。パレートの法則にあるように、むしろ 20％の労力で 80 点を目指すべきだろうと思います。

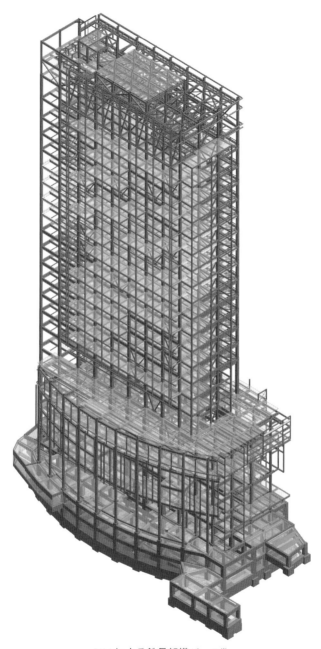

BIMによる鉄骨架構パース※

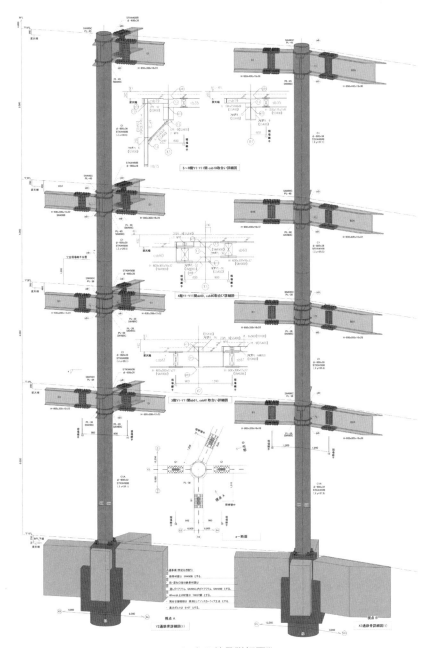

BIMによる鉄骨詳細図※

また、お絵描きツールで終わってはあまりにももったいなく、動画を用いたプレゼンテーション利用、意匠、設備、さらには積算との連携など、もっと有効な活用方法を模索するべきでしょう。
　他のソフトウェアとの連携によってもさらに活用の幅を拡げることができます。すでに、一貫構造計算プログラムのデータを変換して Revit などに読み込ませ、建物モデルを構築したり、部材リストを数ステップで作成、出力できるようにもなりました。
　しかし、構造設計者として忘れてはいけないことは、構造計算モデルは実物を示すものではないということです。その間に「モデル化」という構造設計者の大事な行為が必ず介在します。そういう意味では、この先 BIM 環境がいくら整ったとしても構造計算データと BIM ソフトウェア間の双方向性は成立しません。

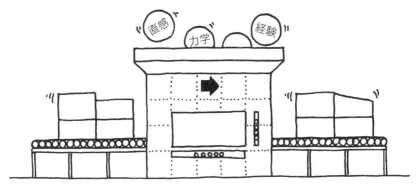

計算モデル製造ライン

6 防災、減災は総力戦

　2015 年 1 月 17 日。阪神・淡路大震災から 20 年経ちました。震災を知らない子供たちも成人を迎えました。また、構造設計者として震災を経験していない世代が半数を占めるようになりました。技術をいかに若い世代に伝えるかということがどの分野でも課題になっていますが、建築の世界でも例外ではありません。大きな地震が起きるたびに、得られる数々の教訓

を設計にフィードバックさせながら、今日を迎えています。

　阪神・淡路大震災では、亡くなられた方の死因の約9割は「圧死・焼死」でした。一方、2011年の東日本大震災では死因の約9割が「津波による水死」、1923年の関東大震災では約9割が「焼死」でした。筆者は東日本大震災で、それまで建築物の被害ばかりに気をとられていたことに気づかされました。そして、建築物の耐震性能を高めるだけでは、こうした人的被害を減らせないことを悟りました。

　建築物に被害がなくてもどこかで火災を起こせば被害が拡がりますし、そのための出火と延焼を防ぐ手立てが必要になります。それには、被災後の通電の仕方や延焼を防ぐ公園や道路の整備が欠かせません。また、被災者の早期救出も考えないといけないでしょう。その時、消防や警察の人員だけでは間に合わなくなるので、被災地での市民による救出活動が重要な役割を果たすことになります。さらに個人レベルでは、家具の下敷きにならないよう家具を固定したり、防災訓練に参加するといった対応をすることが求められます。

　このように、自然災害に立ち向かうには、まず自分自身で自分の身を守り、そのうえでそれぞれの持ち場でできることをやるしかないのではないでしょうか。防災・減災は総力戦なのです。個人の力は決して大きくはありませんが、それらが結集した時の力は足し算ではなく掛け算となって人的被害を減らせると信じています。自分から動かないと何も始まりません。構造設計者として、そして住民の一人として防災・減災を実りあるものにするため、自分にできることを考え知恵を出していきませんか。

7 信頼される設計者に

　設計プロジェクトがいよいよ始まろうとする時、各部門の設計担当者が選任されて揃います。同じ組織で編成されることもあれば、設計JVを組んで他社と協働することもあります。

　同じ組織内であれば何回か同じ設計者とチームを組むことが出てくるの

ですが、そのうちその人なりのデザイン手法やくせ、好みが読めてきます。先読みする楽しみもありますが、他社のスタッフと一緒に設計する場合は、相手の出方が読めない緊張感や意外性があってけっこう刺激的です。そういう意味ではクライアントも同じかもしれません。

　なかでも興味深いのは、チームのメンバー同士の仲がよいからといって、思うような作品ができるとは限らないということです。大事なのは、どれだけお互いに相手を尊敬でき、信頼を寄せられるかだと思います。そういう意味では、他部門のスタッフから信頼されるようにふだんから自分自身を磨いておく必要があります。

　ところで、何を相談されても「それはできません」と答えたらどうなるでしょうか。きっと次から相談されなくなります。やはり、そういう時は「このままではできないけれど、こういうふうにすればできる」あるいは「こういう条件ならできる」と言うべきなのです。そうでないと、話が発展していきません。また、相手が訊かなくても、こちらから「この柱を抜いたほうが使い勝手がよくなるよ」と教えてあげるぐらいになるとよいと思います。

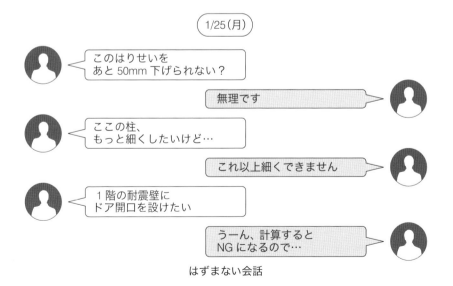

はずまない会話

では、「今週中に仮定断面を出してほしい」と頼まれたのに、週明けに「忙しくてまだ手付かずで……」と言い訳するとどうでしょうか。相手を手待ちにするばかりか、相手は二度と一緒に仕事をしたくないと思うでしょう。「待たない、待たせない」のところでも書いたように、相手を「待たせない」ということは、結果として自分自身の作業効率を上げることにもなるのです。

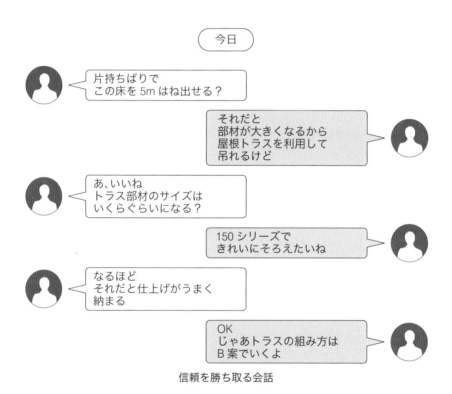

信頼を勝ち取る会話

　設計のプロフェッショナルを目指すなら、時間（期限）を守ることと提案（代替案）を出せることは必須条件だと思います。たいへん厳しいことを言うようですが、契約を交わした以上はたとえ親が亡くなったとしてもそれを理由に納期を遅らせることは許されません。相手の信頼を得ることは、たいそう時間がかかりますが、信頼をなくすのは一瞬です。これは、

相手の立場になって考えれば容易にわかることですし、商売でも何でも同じことだと思います。そのための努力を惜しまないことです。苦労した分だけ自分の引き出しにアイディアやスキルが貯まっていくのですから。

竣工後の披露パーティの様子

　ところで、みなさんの構造設計者になろうという動機はいったい何でしょうか。もし、お金儲けが目的なら今すぐ転職することをすすめます。お金儲けという意味では、これほど割に合わない職業はないと思います。しかし見方を変えると、建築主から仕事の依頼を受けて自分の想いを注ぎ込むことができるのですから、モノづくりの好きな者にとってこんなにおいしい職業はありません。よくも悪くも、自分の設計したとおりに建物はできあがります。それだけに設計者に課せられる社会的な責任も重いのですが、竣工した建物に人々が集い、活動を促して街に語りかけていくのを見届けられるのも、設計者だけに与えられた特権ではないかと思います。

　構造設計という仕事は、生みの苦しみを味わうだけで決して楽しくはありません。でもおもしろい。それで十分です。

コラム
単位系のはなし

　学生たちにSI単位系について尋ねると、何の違和感もなく使っているという。これには正直驚いた。むしろ、どうしてそんなことを訊くのかという表情を浮かべている。しかし、従来単位系（MKS単位系）で育った僕にとっては、いまだに受け入れがたい存在である。

　たとえば、30kN/mの等分布荷重が作用するスパン10mの単純ばりH－600×200のたわみを求める場合、はりの自重を無視すると

　　$\delta = 5 \times 30 \times 10000^4 / (384 \times 205000 \times 756000000)$
　　　$= 25.2$ mm

として求めることができるが、これでもかというくらい計算式にゼロが並ぶ。ゼロの行進自体は、その煩雑さを受け入れさえすれば済んでしまう話かもしれないが、問題は応力やたわみの桁間違いをする可能性が格段に上がったという点である。

　それともう一つ、単位系の国際化と引き換えに、構造技術者として設計の感覚を養う機会が奪われたということである。部材の断面二次モーメントを例にとると、75600cm^{4}と756000000 mm^{4}とでは部材に対する感覚がまったく異なる。後者になれば、ゼロが一つ多くても少なくても感覚的には同じになってしまう。あまりにもコンピュータで計算することを前提にものを考えすぎているような気がしてならない。

　SI単位化で構造技術者が負ったリスクは大きい。桁間違いは絶対に避けなければいけない。桁をまちがえると、不具合どころか、最悪の場合建物を崩壊させることにもなりかねない。

　それだけに、電卓で概略検討する場合は、必ず従来単位系を使うことにしている。僕の頭の中では、あいかわらずヤング係数は2100t/cm^{2}で、SN400級の基準強度は2.4 t/cm^{2}のままである。

付録

いざという時、役立つ構造設計チェックリスト

分類		確認・チェック項目	具体的な確認項目
設計条件	☐	建築主からの躯体設計上の与条件の確認	☐ひび割れ抑制　☐免震　☐制震 ☐構造種別　☐その他
	☐	耐震設計グレードの確認	☐S類　☐I類　☐II類　☐III類
	☐	予算の把握 設計着手時からつねにコストを意識して設計を行うこと	☐坪単価（　　　　　　万円／坪） ☐躯体単価（　　　　　　万円／坪）
	☐	鉄骨の納期と工事工程の確認 ロール発注時期と建て方のタイミングは問題ないか	杭　　　　　☐有　☐無 地下　　　　☐有　☐無 柱脚埋込み　☐有　☐無 特殊鋼材　　☐有　☐無
	☐	顧客への耐震性能、リスクの説明 顧客へは耐震性能を必ず説明する	☐耐震性能 ☐非構造部材の被害リスク ☐津波危険地域 ☐液状化発生危険地域
法規制	☐	確認申請スケジュール 適合性判定、性能評価の場合、申請期間を見込むこと	☐建築確認のみ ☐適合性判定まで ☐大臣認定
	☐	指定の構造設計基準の有無 必ず設計着手前に設計仕様書を確認し、了解をとっておく	☐有（　　　　　　　　　　　　） ☐無
	☐	都道府県の特別な指導 地震荷重、雪荷重など地域事情を把握しておく	☐有（　　　　　　　　　　　　） ☐無
	☐	既存建物への増築 行政との事前協議を行って申請対応を確認しておく	☐行政との事前協議
敷地条件	☐	造成地での旧地形の確認 土質調査報告書の古地図も必ず確認しておく	☐切土、盛土の範囲の把握 ☐杭長、基礎底レベルを整理したか ☐変更対応が容易な基礎工法か
	☐	敷地境界と近隣状況の確認 敷地だけでなく、周辺道路も確認し、現場搬入状況も把握する	☐隣接建物　☐塀、フェンス ☐道路幅　☐電柱類　☐施工ヤード ☐斜面地
	☐	地中障害物の有無 既存杭、ガラ等の撤去方法と新設杭の施工法を検討する	☐有　☐無 有の場合 対策：

分類		確認・チェック項目	具体的な確認項目
敷地条件	☐	地下水位と掘削底との関係 地下水位は被圧水か自由水か確認できているか	地下水対策　☐要　☐不要
	☐	寒冷地対策 凍上対策、融雪対策など	☐要　☐不要 要の場合 対策：
	☐	軟弱地盤 不同沈下、負の摩擦力、インフラ損傷防止、液状化防止など	☐不同沈下対策 ☐負のまさつ力対策　☐液状化対策 ☐地盤改良 要・否　☐その他
	☐	隣接建物の把握 新築躯体の基礎配置、施工性、山留めの確認が必要	☐施工機械の寄り付き確認 ☐偏心基礎　☐外装材の施工の可否 ☐敷地境界の塀、フェンスの養生
架構骨組	☐	偏心率・剛性率 ねじれ防止や剛性のバランスに配慮しているか	偏心率　☐OK　☐NG 剛性率　☐OK　☐NG NGの場合の見解：
	☐	将来増築予定の有無 上増築のリスク説明、増築継手の有無、EXP.Jの有無など	☐有　☐無 増築方向　☐上　☐横 EXP.J　☐有　☐無
	☐	解析モデルの妥当性 現象を精度よく表現できているか、力の流れは適切か	☐標準階の層重量（　　　kN/m²） ☐手計算による概算応力との比較 ☐支点条件の再確認 ☐剛床解除の要否
	☐	エキスパンション・ジョイントの間隔 大地震時に躯体が衝突しない間隔が確保されているか	クリアランス ☐1/100　☐1/50 ☐その他（　　　　　　　　）
	☐	スラブの面内せん断力の移行 耐力壁等に水平力を集約させる場合、それを保証できているか	☐1次設計時 ☐2次設計時
	☐	構造スリット スリットの乱用は避ける	☐有　☐無 有の場合 ☐防水立上り等の納まり確認

分類		確認・チェック項目	具体的な確認項目
架構骨組	☐	免震建物の場合、意匠・設備との整合性の確認	☐ EXP.J 周りの設備配管 ☐ 擁壁とのクリアランス ☐ 天井材等の変形追従性
	☐	施工順序と変形の把握 特殊な構法の場合、施工時応力の検討が必要	☐ 順打ち工法　☐ 逆打ち工法 ☐ その他特殊工法
荷重条件	☐	片土圧の有無	☐ 有　☐ 無 片土圧の場合 ☐ 長期荷重として水平力を考慮 ☐ 保有水平耐力計算での考慮
	☐	重量車両・フォークリフト走行の有無	☐ 有　☐ 無 有の場合 各階伏図に積載荷重とともに特記
	☐	EV 仕様の確認 必要に応じマシンビーム受け、中間ビーム、吊フックを反映 EV 直下に居室がある場合は、2 重スラブが必要	☐ 反力のチェック ☐ 中間ビームの有無確認 ☐ 吊フックの有無確認 ☐ 2 重スラブの有無確認
	☐	クレーン走行の有無	☐ 有　☐ 無 有の場合 伏図にクレーンの仕様を特記
	☐	大スパン架構の採用	☐ 有　☐ 無 有の場合 アリーナのように屋根面積が大きい場合は、わずかな荷重でも広範囲に分布すると、無視できない絶対量になるので荷重の拾いもれに注意
	☐	用途が工場、倉庫類の場合 竣工後、諸室のレイアウト変更、生産設備機器の更新があるので注意	☐ 設計用積載荷重を伏図に明示
	☐	重量設備機器の有無 50kN または 10kN/m² を超える主要設備機器	☐ 有　☐ 無 有の場合 伏図に重量の大きさを明示
	☐	入力データ（床荷重）の確認 大きな床荷重、広範囲にわたる床荷重はとくに注意	☐ 床荷重表 ☐ 反力

分類	確認・チェック項目	具体的な確認項目
荷重条件	☐ 煙突、塔屋などの突出物 実情に即した地震力を採用し、機械的に $K=1.0$ で設計しない	☐ 設計用震度 $K=($　　　　$)$
敷地条件	☐ 基礎地業形式（直接基礎・地盤改良・杭）の選定 土質調査結果より比較検討する	☐ 基礎形式のコスト比較（必須）
敷地条件	☐ 杭工法（場所打ち、ＰＨＣ、鋼管など）の選定 コスト、施工性、地域性をふまえて決定する	☐ 杭工法のコスト比較（必須）
敷地条件	☐ 杭施工性の確認（玉石、中間層・重機の進入） 玉石なら杭の逃げ注意、中間層があればオーガー併用検討 上部高圧線の有無も確認必要 杭の現場搬入の可否検討	玉石　　　　☐有　☐無 中間層　　　☐有　☐無 上部高圧線　☐有　☐無 ☐ 杭継手長さ　最大（　　　）m
敷地条件	☐ 杭長の設定 傾斜地盤の場合、杭施工前の試験杭、試験掘りによる支持層レベルの確認も検討	☐ 杭長の妥当性確認 支持層レベルをコンター図で推定 ☐ 試験杭明示 ☐ 杭長変更対応策を事前に検討
敷地条件	☐ 重機走行範囲の地盤状況 地盤改良や地中の共同溝の検討が必要になることもある	地中共同溝・浄化槽などの埋設物 ☐有　☐無 地盤改良　☐要　☐否
敷地条件	☐ 地盤改良工法についての比較検討 浅層、深層混合、ラップル等の工法選択と地耐力、コスト比較	☐ 地盤改良工法の性能、コスト比較（必須）
敷地条件	☐ 異種基礎 採用する場合、沈下差を考慮した応力解析を必ず行う	☐有　☐無
敷地条件	☐ ボーリング標高 敷地測量の際に仮BMのレベルも測っておく	☐ ボーリング標高と設計GLの関係 ☐ 標高のTPまたはOP表示

分類	確認・チェック項目	具体的な確認項目
地盤基礎	□ 土質柱状図 N値だけでなく、土質名を確認 ヘドロや建設ガラなどがあれば、多額の土壌汚染処理費が必要になることがある	土壌汚染の有無　□有　□無
地盤基礎	□ 外部フーチングと会所の干渉 必要に応じ基礎を下げるまたは偏心させる	□打合せ、図面により確認（必須）
地盤基礎	□ 載荷試験 設計の妥当性を確認するため必要に応じて実施	□杭の鉛直載荷試験 □地盤の平板載荷試験
RC部材	□ RC短柱 構造スリットを設けるなどして極短柱を避ける	□軸組図で確認 □スリット要領（厚さ・幅・耐水性・耐火性・振止め筋）
RC部材	□ ピロティ形式の有無	□有　□無 有の場合 「建築物の構造関係技術基準解説書」付録を参照
RC部材	□ そで壁、垂れ壁の剛性評価 計算条件と全体の応力分布が極端になっていないかを確認する	□精算法 □断面積と幅一定 □断面積と壁を含むせい一定 □断面積とせい一定 □JSCAスリット指針 □その他（　　　　　　　　　）
RC部材	□ 片持ちスラブ・片持ちばり・長スパンばり 先端にサッシが取付く場合、クリープ変形量を意匠担当者に伝える	□変形（増大係数×弾性変形） □上下動応力のチェック
RC部材	□ スリット壁に取りつく雑壁 変形を拘束していないかを確認 とくに階段室周りに注意 スラブ階段、鉄骨階段も視野に入れて検討する	□変形を拘束しないことの確認 □スラブ階段の採用 □鉄骨階段の採用

分類		確認・チェック項目	具体的な確認項目
RC部材	☐	プレストレストコンクリート構造を採用する場合 はり貫通、PC鋼線と直交ばり主筋の干渉をチェックする	☐はり貫通位置、径の制約確認 ☐直交ばり主筋の干渉確認
	☐	土間コンクリートを採用する場合	☐表層地盤の状況把握 ☐基礎ばりへの荷重負担 ☐地盤改良の要否検討
	☐	マスコンクリート対策の要否 目安としてはり幅1000mm程度の基礎ばりに対して要否を検討	☐要　☐不要
	☐	スラブ・外壁のひびわれ対策 コンクリート打設に関する特記、膨張材、収縮低減材の採用	☐要　☐不要 ☐コンクリート打設要領特記 ☐膨張材 ☐収縮低減材
	☐	長大構造物（目安として全長100m以上）対策	☐要　☐不要 要の場合 ☐温度応力検討 ☐乾燥収縮帯（あと施工ゾーン）設置
鉄骨部材	☐	鉄骨柱脚応力の伝達と納まり	☐アンカーボルトとはり主筋の干渉 ☐アンカーボルトと杭頭筋の干渉 ☐外壁、床版とベースプレートとの取合いチェック
	☐	継手の保有耐力接合 SCSSや構造計算結果と設計図との照合を行う メッキボルトの場合はF8Tであることに注意	☐設計図と計算書との照合 ☐F8Tの継手チェック
	☐	突合せ溶接記号の表示 現場溶接や突合せ符号を図面に明示	☐鉄骨詳細図の確認
	☐	外壁プレコンが取付く場合 鉄骨ばりの場合、偏心距離を確認し、ねじれやすい細幅H形鋼は避ける	☐はりのねじれチェック ☐対策の要否確認 ☐床スラブコンクリートの先行施工の明示
	☐	仕口の納まり 外、内ダイアフラムの区別、鋼材種別と板厚の確認を行う	☐はり段差は150mm以上確保 ☐内外ダイアフラムとはりの寄り ☐勾配ばりとダイアフラム厚 ☐板厚2サイズアップ確認

分類	確認・チェック項目	具体的な確認項目
鉄骨部材	□ ブレースの取合いと撓み（変形）のチェック 引張ブレースの部材選定では細長比 100 程度以下を目安	□接合部のディテールを図示 □圧縮ブレースのガセットプレートが面外座屈しないかの確認 □引張ブレースの自重によるたわみ
	□ デッキプレート（合成床版等） コンクリート厚さや配筋が異なるので注意する デッキプレートの厚さはスパン 3m で 1.2mm が標準	□耐火性能条件確認 □デッキプレート厚さと架設スパンとの確認
	□ ロングスパンばり・片持ちばり 必要に応じて振動（居住性）の検討を行う	□変形（増大係数×弾性変形） □むくりの要否確認 □上下動応力のチェック □振動数チェック
	□ 亜鉛メッキ部材 メッキ槽の大きさ、部材の歪、ガス抜き孔、ボルト仕様を確認	□継手位置　□部材長さ □ガス抜き孔 □高力ボルト F8T を図示 □極端な板厚差がないか
	□ SRC 造の建方用ブレース 1 方向 SRC 造の場合、図示する	□有　□無
	□ 角形鋼管の使用 「冷間成形角形鋼管設計・施工マニュアル」を参照	□ BCR 材　□ BCP 材　□ STKR 材 □適用サイズの確認 □鉄骨納期の確認
	□ 2 次部材 図面に記載もれがないかを確認 とくに数量の多い部材は注意	□外壁開口補強　□床開口補強 □シャッター受材 □設備機器、天井吊材 □母屋　□胴縁　□間柱　□耐風ばり
	□ 吊材の要否と接合部、振れ止め	□クレーン　□点検歩廊 □配管受け　□階段 □間仕切り壁　□天井
意匠関連	□ 外装材 計算内容を確認し、構造計算書に添付する	□外装材の耐風計算書チェック □下地部材の要否確認
	□ 床・壁の遮音性能 計算内容を確認し、構造計算書に添付する	□机上の検討 □実測等による妥当性の確認（必要があれば）

分類		確認・チェック項目	具体的な確認項目
意匠関連	☐	地震時の仕上げ材の変形追随性 地震動レベルに応じた損傷をどこまで許容するかを整理	☐ 1/200　☐ 1/120　☐ 1/100 ☐ その他（　　　　　） 浮き上りの有無　☐ 有　☐ 無
	☐	渡り廊下などの連結部 水平2方向の変形追従性と支承部の浮き上がりの有無を確認	☐ 支承部の支点条件確認 ☐ 落下防止策
	☐	シャッターボックス 小ばりの向きをシャッターボックスに平行に架ける	☐ 小ばりとの干渉チェック ☐ 大ばりの横補剛材との干渉チェック
	☐	EVの中間ビーム 階高が高い場合に必要、昇降機の図面で確認する	☐ 要　☐ 不要
	☐	カーテンボックスの納まり	☐ はりとの納まりを意匠図で確認
	☐	防火区画 中間階レベルで必要な場合は別途支持材が必要	☐ 中間スラブの必要性の有無確認
	☐	雨樋の納まり 鉄骨ばりのレベル、小ばりの向き、雨樋の位置を調整する	☐ 鉄骨の納まりを意匠図と照合
	☐	ALC版 立面図等により壁開口位置、寸法を全数チェックする	☐ 開口補強要領の明示
	☐	鉄骨階段、庇などのサブストラクチャー 惰性でモノの寸法を決めない、デザインを意識する ボルトの向きを図面で指示する	☐ 適正な部材 ☐ バランスの取れた部材配置と形状 ☐ 接合部は美しいか ☐ 継手は美しいか
	☐	階段、バルコニー等の手すり 構造計算等により過大変形が生じないか確認する	☐ 強度および剛性のチェック
	☐	天井裏の納まり 設計初期から各担当者と綿密な打合せを行う 鉄骨造の場合は耐火被覆厚を忘れずに	☐ はり下を通すもの、はり貫通させる配管類の整理 ☐ 階高の確認 ☐ 天井吊材、振れ止めが設置可能か

分類		確認・チェック項目	具体的な確認項目
意匠関連	☐	機械室・電気室まわりの耐震壁としての有効性 原則、耐力壁にしない やむを得ず設ける場合は開口位置と寸法を図示	☐ドア開口の位置、大きさ確認 ☐ダクト貫通口の位置、大きさ確認
	☐	スラブ内電気配管システムと床構造の整合性 スラブ筋と配管の納まりからスラブ厚さを決定	☐スラブ厚の検討
	☐	はり貫通孔 はりせいと孔径の確認、はり端部の集中を避ける	☐孔径・位置・ピッチの確認
	☐	便所 原則、便所内にはりを設けない 便器等との干渉にも注意	☐便所内のはり位置・レベル ☐便器等との干渉チェック
設備関連	☐	設備機械基礎 基礎の仕様を打合せして決める 地震時の基礎転倒、移動に注意	☐防水層の上に基礎設置 ☐防水立上りを設けて基礎設置 ☐地震時の転倒、水平移動が生じないことを確認
	☐	床下ピットトレンチ 人通孔の有無、ピット床仕様の打合せを必ず行う	☐有効寸法確認 ☐点検口と基礎との干渉確認 ☐ピット下地業（土間コン・捨コン・砂利敷き）の確認
	☐	鉄道・工場からの振動障害 対策を講じる場合、実測と振動低減効果の検討が必要	☐対策の要否検討
外構	☐	外構 雨水ます、配管類と躯体の干渉を確認しておく	干渉　☐有　☐無 対策： ☐基礎の偏心　☐基礎レベル変更
	☐	地下埋設物 浮き上がり・液状化対策の要否を検討しておく	対策　☐要　☐否
その他	☐	構造計画 当初の設計方針どおりに設計できているかを確認	☐適合　☐不適合

分類		確認・チェック項目	具体的な確認項目
その他	☐	計算データのチェック	☐架構データ ☐部材リスト ☐荷重条件　☐解析条件
	☐	計算結果出力のチェック	☐各階地震力（kN/m^2）のオーダー ☐長期応力のオーダー ☐地震時応力のオーダー ☐支点反力のオーダー
	☐	エラーメッセージ処理 エラーメッセージ欄以外にも表示が出るので注意	☐ワーニングメッセージ処理 ☐エラーメッセージ処理
	☐	意匠図と構造図との照合	☐壁仕様 ☐壁開口位置と大きさ ☐床仕様（コンクリート天端） ☐屋根の水勾配（躯体の勾配） ☐床下ピットの範囲と仕様 ☐仕上げ材と躯体の納まり ☐その他必要な支持材

あとがき

　難しい数式を使わず、文章とイラストだけで構造力学と構造設計の橋渡しをするような本が1冊ぐらいあってもよいのではないか。それが本書を執筆する出発点でした。株式会社C.T.I技術顧問の田中正司氏から、一般社団法人日本建築協会で構造設計の入門書に関する企画の話があることをお聞きしたのが2014年の10月ですから、企画書作成から原稿執筆、出版まで約1年半かかったことになります。

　執筆に当たってのコンセプトは「**note × book**」です。カバーイメージから本文中のイラストまですべて手書きで描き、アナログ感を出してノートのような本に仕上げました。そして、実務書に対する意識のハードルを下げ、気軽に手にとって読んでもらえるスタイルにしています。

　本書では、算数・理科だけでなく国語・社会も含めて、実務全般にわたってなかなか訊きにくいことがら、構造設計をするうえで必要と思われる常識、意外に見落としがちな項目を中心にまとめ、読者の直感に訴える形で解説してきました。これほど多くのことを知らないと構造設計ができないのかと思われた方もいるかもしれません。たしかにそのとおりですが、難しいことを言っているわけではありません。少し考えればごく当たり前のことばかりです。

　道路幅員が狭いのに長尺の杭を現場に搬入できませんし、厚さ200mmの壁の中にどうがんばってもD25をタテヨコ・ダブルで配筋しようがありません。また、鉄筋どうしが干渉すれば、どちらかがよけるしかありません。これらは丸暗記するものではなく、ふだんから意識しておくべきものばかりです。

　大事なことは、時々パソコンのモニタから視線をはずして「想像すること」、そして構造力学に基づいた「直感力を養うこと」です。工学の世界で仕事をしているわけですから、構造計算の世界でいくら閉じていても、実

際にモノが建たないと意味がありません。

　設計の手戻りがないよう、留意すべきことは巻末の付録にチェックリストとしてまとめておきました。あとは個別に参考書や専門書を片手に検討し、一つひとつ課題を解決していけばよいと思います。本書を手にしたことがきっかけになって、一人でも多くの方が構造設計に興味をもち、やってみようかなと感じてもらえたらうれしく思います。

　最後に、本書の出版の機会を与えてくださった一般社団法人日本建築協会ならびに同出版委員会の方々に対し、深く謝意を表します。株式会社学芸出版社編集部の岩崎健一郎氏には企画から編集、そして出版に至るまでたいへんお世話になりました。また、社内外を問わず、これまで何かとお世話になった方々、執筆に際し協力くださったすべての方々に対し、厚くお礼申し上げます。

2016 年 3 月吉日
山浦晋弘

参考文献

1) オフィスブック制作グループ編著『オフィスブック』彰国社、2011 年 10 月、p.109
2) 『鉄筋コンクリート構造計算規準・同解説』日本建築学会、2010 年 2 月、p.126
3) 『鉄筋コンクリート構造計算規準・同解説』日本建築学会、2010 年 2 月、p.140
4) 『鉄筋コンクリート構造計算規準・同解説』日本建築学会、1999 年 3 月、pp.475 〜 483
5) 『建築学大系 35』彰国社、1959 年 11 月、pp.215 〜 246
6) 東洋一、小森清司「自由辺と固定辺をもつ矩形版の曲げ」『日本建築学会構造系論文報告集』1958 年 10 月、pp.405 〜 406
7) 辻英一、魚木晴夫、中川佳久、山浦晋弘、大谷圭一、桜井譲爾「標準建物モデルによる実用構造計算プログラムの調査研究 その 1：一次設計部分」『日本建築学会構造系論文報告集』1991 年 4 月、pp.145 〜 154
8) 辻英一、魚木晴夫、中川佳久、山浦晋弘、大谷圭一、桜井譲爾「標準建物モデルによる実用構造計算プログラムの調査研究 その 2：一次設計部分」『日本建築学会構造系論文報告集』1991 年 12 月、pp.91 〜 99
9) 『2008 年度版輸送マニュアル』鉄骨建設業協会、日本建設橋梁協会、2008 年 9 月、pp.30 〜 33
10) 日本鋼構造協会『実例でわかる工作しやすい鉄骨設計』技報堂出版、2007 年 10 月
11) 『建築用溶融亜鉛めっき構造物の手引き』日本鋼構造協会、1998 年 6 月、pp.50 〜 57

山浦晋弘（やまうら のぶひろ）

1958年大阪府に生まれる。1984年に大阪市立大学大学院工学研究科（建築学専攻）卒業後、株式会社安井建築設計事務所入社、現在に至る。理事、執行役員、構造部総括。2010年より大阪市立大学非常勤講師。著書に『直感で理解する！構造力学の基本』『3分で解く！一級建築士試験構造力学』(学芸出版社)。一級建築士、構造設計一級建築士、JSCA建築構造士、APECエンジニア。

カバーテーマ 「数字の必然」
カバーイメージ、文中のイラスト作成：山浦晋弘
図面作成協力(※印)　　　　　：奥田弥生

直感で理解する！ 構造設計の基本

2016 年 4 月 1 日　　第 1 版第 1 刷発行
2021 年 6 月 20 日　　第 1 版第 5 刷発行

企　画 ……… 一般社団法人 日本建築協会
著　者 ……… 山浦晋弘
発行者 ……… 前田裕資
発行所 ……… 株式会社 学芸出版社
　　　　　　〒 600-8216
　　　　　　京都市下京区木津屋橋通西洞院東入
　　　　　　電話 075-343-0811
　　　　　　http://www.gakugei-pub.jp/
　　　　　　E-mail info@gakugei-pub.jp

装　丁 ……… 森口耕次
印　刷 ……… オスカーヤマト印刷
製　本 ……… 山崎紙工

© Nobuhiro Yamaura 2016
ISBN978-4-7615-2619-1　　　　　　　　　　　Printed in Japan

JCOPY 〈(社)出版者著作権管理機構委託出版物〉
本書の無断複写(電子化を含む)は著作権法上での例外を除き禁じられています。複写される場合は、そのつど事前に、(社)出版者著作権管理機構(電話 03-5244-5088、FAX 03-5244-5089、e-mail: info@jcopy.or.jp)の許諾を得てください。
また本書を代行業者等の第三者に依頼してスキャンやデジタル化することは、たとえ個人や家庭内での利用でも著作権法違反です。

好評発売中

設計・監理・施工者のための 建築品質トラブル予防のツボ

仲本尚志・馬渡勝昭 著／日本建築協会 企画

A5 判・256 頁・定価 本体 2800 円＋税

確かな品質の建築をつくるには、設計者・監理者・施工者の協力がかかせない。本書は、トラブルの起こらない建物をつくるために三者が共通して知っておかなければならない建築工事の基本知識とトラブル予防のポイントを「危険予知と予防」の観点からわかりやすく解説する。どこからでも読める、若手〜中堅技術者必携の手引き。

写真マンガでわかる 工務店のクレーム対応術

玉水新吾・青山秀雄 著／日本建築協会 企画

四六判・220 頁・定価 本体 2000 円＋税

住宅建設需要が減退し、施主一人ひとりとの長期的な関係づくりが重要となるなか、施主の満足度を高めるために工務店は何をすべきなのか？ 本書は、施主とのコミュニケーション不足から生まれるよくあるクレームを網羅し、正しい事前説明とクレーム発生後の対応をわかりやすく解説。選ばれる工務店になるためのヒントが満載！

写真マンガでわかる 住宅メンテナンスのツボ

玉水新吾・都甲栄充 著／日本建築協会 企画

A5 判・248 頁・定価 本体 2800 円＋税

ストックの時代を迎え、長期間にわたり住宅メンテナンスを担える人材のニーズは高まる一方だ。本書は、敷地・基礎から、外壁・屋根・小屋裏・内装・床下・設備・外構に至るまで、住宅の部位別に写真マンガでチェックポイントと対処法、ユーザーへのアドバイスの仕方をやさしく解説。住宅診断・メンテナンス担当者必携の 1 冊。

写真マンガでわかる 建築現場管理 100 ポイント

玉水新吾 著／阪野真樹子 イラスト／日本建築協会 企画

四六判・224 頁・定価 本体 1900 円＋税

整理整頓の励行、手抜きのできない現場の実現によって、職人のマナー向上やコストダウン、クォリティの高い仕事をめざそう。本書は、実際の建築現場に見られる管理の悪い例を写真マンガで指摘。その現場の問題点と改善のポイントを解説し、管理のゆき届いた良い例もビジュアルで明示した。現場管理者必携のチェックブック。

プロが教える住宅の植栽

藤山宏 著／日本建築協会 企画

B5 判・176 頁（カラー 32 頁）・定価 本体 2800 円＋税

住居への緑のニーズは高まり、住む人のライフスタイルに応じた多様な植栽が求められている。建築主が納得する植栽を提案するには？ 本書は、植物の基礎知識及び住空間の各部位ごとの植栽計画を掘下げ、観葉植物、壁面・屋上の植栽も含め、樹種選定からメンテナンスまで、樹木・草花を使いこなす技術を具体的に解説した。

住宅エクステリアの 100 ポイント
計画・設計・施工・メンテナンス

藤山宏 著／日本建築協会 企画

A5 判・232 頁・定価 本体 2500 円＋税

住宅の外部空間にこだわりを持つ建築主が増えたこと、景観への意識が高まったことなどにより、エクステリアの需要は拡大している。しかし、他業種出身の技術者が集まった現場は、誤解や理解不足による不具合が多いのも現実である。本書は、求められる広範な知識を建築・土木・造園を軸に体系的に整理し、解説した初めての書。

好評発売中

現場直伝！ 躯体工事の100ポイント

中川徹 著／日本建築協会 企画

四六判・220頁・定価 本体2200円＋税

今の現場管理者は、少数配員のもと人手不足を凌いでいるのが実情で、品質をじっくりチェックして学習する余裕がないまま現場を終えてしまうことも多い。本書は長年にわたり現場巡回指導を行ってきた著者が、心構えや技術的なポイントを楽しいイラストや図・写真でわかりやすく解説。若手・中堅の施工管理技術者必携の読本。

主婦建築家と考える 住まいづくりのウソ? ホント?

井上まるみ 著／日本建築協会 企画

四六判・184頁・定価 本体1800円＋税

流行のデザインや最新の工法など、巷に溢れる家づくりの「情報」。「寝室には当然ベッド」「床はフローリングに」といった部屋づくりの「常識」。でも、その家、本当に住みやすいですか？住まいづくりで一番大切なこととは？家庭科教師と建築設計・住宅相談の経験を持つ主婦建築家と考える、暮らしを見つめた住まいづくり。

プロが教えるキッチン設計のコツ

井上まるみ 著／日本建築協会 企画

A5判・224頁・定価 本体2300円＋税

栄養士でもある女性建築家が提案する、暮らしを見つめた、なるほど納得！のキッチン論。食事づくりを重視し、動線・収納・デザイン・価格・設計思想に至るまで、数多くの実例をもとに考え抜かれた目からウロコの知識満載。施主の「憧れ」だけに流されず、生活に根ざした設計で、住まいの心臓部「キッチン」をもっと豊かに！

図説 やさしい構造設計

浅野清昭 著

B5変判・200頁・定価 本体2800円＋税

高等数学や物理をきちんと理解できていない人に向け、難しい数式はできるだけ使わずに解説した、建築構造設計初学者のための入門教科書。手描きによるイラストで図解し、丁寧な解説をこころがけ、複雑な内容をできるかぎりわかりやすく工夫した。例題をとおして設計法の理解をはかり、〈手順〉どおりにやれば誰でも解ける。

図説 建築構造設計

植村典人・藤田光男・大津秀夫 著

B5変判・216頁（2色刷128頁）・定価 本体2800円＋税

建築構造設計の基礎から始め、鉄筋コンクリート構造と鉄骨構造の構造設計が身につく、初学者のための入門書。第6章では鉄筋コンクリート構造の構造計算書を例示し、具体的な設計手順を見開き構成で数多くの図表をもとにわかりやすく解説しており、実践的な知識を身につけることができる。一級建築士試験対応の練習問題付き。

一級建築士試験 構造設計のツボ

植村典人 著

A5判・168頁・定価 本体1900円＋税

一級建築士試験・学科Ⅳ（建築構造）において構造設計は合否の鍵を握る分野であり、避けて通ることはできない。一方、同じ型の問題が繰り返し出題されており、要点さえ理解すれば確実に得点できる。本書は単元別に出題頻度を分析し、暗記すべき要点を整理し、過去問の解法を徹底解説。ツボを押えた学習で全問正解を目指せ！